DER POLIZEI FILM

von WOLFGANG SCHWEIGER

Originalausgabe

WILHELM HEYNE VERLAG
MÜNCHEN

HEYNE FILMBIBLIOTHEK
Nr. 32/121

Herausgeber: Bernhard Matt

Für meine Eltern

Redaktion: Norbert Stresau

Copyright © 1989 by Wilhelm Heyne Verlag GmbH & Co. KG, München
Umschlagfoto: Stiftung Deutsche Kinemathek, Berlin
Rückseitenfoto: Stiftung Deutsche Kinemathek, Berlin
Innenfotos: Interfotos, München; Archiv Dr. Karkosch, Gilching;
Bildarchiv Engelmeier, München; Deutsches Institut für Filmkunde,
Frankfurt; Stiftung Deutsche Kinemathek, Berlin
Umschlaggestaltung: Atelier Ingrid Schütz, München
Printed in Germany 1989
Satz: Fotosatz Völkl, Germering
Druck und Verarbeitung: Ebner Ulm

ISBN 3-453-02624-1

Inhalt

Vorwort

Vor etwa zehn Jahren begann ich, Drehbücher zu schreiben.
Fürs Kino, versteht sich. Deutsche Gegenstücke zu den
schwarzen Krimis der Franzosen. Männergeschichten um
Freundschaften, Professionalismus und Verrat, um verlorene
Helden auf der Suche nach einem Grund zum Kämpfen. Das
Ergebnis war auf den ersten Blick niederschmetternd: ein
paar Komplimente, eine Option, mehr war an Lohn für die
Bemühungen etlicher Jahre nicht rauszuholen. Einiges ist
mir erst im nachhinein klargeworden. So zwingt zum Beispiel
das Filmförderungssystem die Regisseure mehr oder weniger, ihre Bücher selbst zu schreiben, bzw. einen Autor, selbst
Regie zu führen und möglichst auch noch die Produktion zu
übernehmen. Wichtiger noch: Es waren wohl die falschen
Stoffe am falschen Ort. Krimis haben hierzulande immer
noch einen schlechten Ruf und werden eigentlich nur als
Fernsehware gehandelt, als Güter zweiter Klasse. Und Action-Szenen sind zudem teuer und verlangen handwerkliches
Können, und gerade an Geld und Kompetenz mangelt es vielen Filmemachern.
Was nun? Gleich fürs Fernsehen schreiben, gegen Reinecker,
Willschrei & Co. angehen? Keine sehr erhebende Aussicht.
Eine kaufmännische Ausbildung, Fachabitur und verschiedene Studien (Betriebswirtschaft, Sozialpädagogik) hinter
mir, nahm ich also das eine Drehbuch, das in meiner nächsten
Umgebung (um den Waginger See und in Salzburg) spielte,
und fertigte aus dem Stand einen Roman daraus an. Einen
guten, d. h. markttüchtigen Verlag zu finden, war überraschend leicht, und zu etwa siebzig Prozent zufrieden mit der
Geschichte, machte ich mich daran, weitere Romane und

auch Kurzgeschichten zu schreiben. Und ein Urteil wie »…
an Blut und Toten ist kein Mangel, und neben manchem harten Knochen, der sich für Geld mit dem Teufel anlegt, bleibt
auch die Realität gern auf Schweigers Strecke« fasse ich
durchaus als Zuspruch auf.

Mit dem vorliegenden Buch hat es eine ähnliche Bewandtnis:
Obwohl der Polizeifilm das populärste Filmgenre der achtziger Jahre zu werden scheint, gibt es kaum Literatur dazu. Für
einen Krimi-Autor, der sich und das Genre ernst nimmt und
auf diesem Gebiet nicht nur künstlerische Erfahrungen, sondern auch Geld sammeln möchte, geradezu ein Ärgernis. So
kann diese Arbeit nur ein Anfang, eine erste Sichtung sein,
der hoffentlich intensivere Einzelstudien, etwa zu Walter Hill
oder zu Joseph Wambaugh, folgen werden. Eine Einschrän-
kung ist noch anzumerken: Auch wenn ich die meisten der
nachfolgend aufgeführten Filme (zuerst) im Kino gesehen
habe, meist unter zumindest erträglichen Bedingungen, so
war es in der Regel die deutsche Fassung (also gelegentlich erheblich gekürzt und vor allem synchronisiert, und gerade letz-
teres kann einiges verderben), und dieser Tatsache war ich
mir immer bewußt.

Herzlich danken möchte ich noch Dr. Hans Gerhold, dessen
Ratschläge und Materialien mir die Arbeit ungemein erleichtert haben, meinem Herausgeber Bernhard Matt, der dieses
Projekt ermöglicht und trotz etlicher geplatzter Abgabeter-
mine nicht die Geduld verloren hat, und Margit Schindler,
die die nicht unbeträchtliche Mühe der Schreibarbeit auf sich
genommen hat.

Oberteisendorf, im Februar 1989

Das Zitat stammt aus *Gangster, Opfer, Detektive. Eine Typengeschichte
des Kriminalromans* von Jochen Schmidt. Frankfurt/M., Berlin 1989

1. Einführung

Ende der sechziger Jahre standen in den USA zwei der populärsten Filmgenres mit dem Rücken zur Wand: der Western und der Kriegsfilm. Hatten wenige Jahre zuvor noch Streifen wie *The Guns of Navarone* (Die Kanonen von Navarone, 1961) oder *The Dirty Dozen* (Das dreckige Dutzend, 1967) für beste Einspielergebnisse gesorgt, waren angesichts des rasch um sich greifenden Krieges in Vietnam fiktive Schlachten plötzlich nicht mehr gefragt, und wären es noch so gerechte gewesen. Rassenunruhen, Anschläge auf Politiker, Demonstrationen gegen den Vietnamkrieg und die aufkommende Hippie-Gegenkultur sorgten zudem für ein Klima der Unsicherheit und Gewalt, das von der Filmindustrie aber erst recht nicht reflektiert wurde. Die Traumfabrik verschanzte sich hinter Doris-Day-Komödien, aufwendigen Musicals und breitangelegten, »geschmackvollen« Literaturverfilmungen und tat beharrlich so, als könne man die Probleme der Gegenwart auch weiterhin ignorieren oder zumindest verharmlosen.

Lediglich der alte Rechts-Haudegen John Wayne wagte es mit *The Green Berets* (Die grünen Teufel, 1968), den kontroversen Berichten von den Kampfhandlungen seine eigene, betont nicht-defätistische Version der Ereignisse in Südostasien entgegenzusetzen. Das Unternehmen war kommerziell gesehen nicht unbedingt ein Fehlschlag, aber für alle Beteiligten doch eher ein Ärgernis. Wayne hatte seit seinem ersten Film *The Alamo* (Alamo, 1960) nicht viel dazugelernt, seine Regie war ebenso plump wie seine Schauspielkunst, und seine Aufteilung in Gut und Böse entsprach der seiner vielen Kavallerie-Western. Hier die Amerikaner, stolze Ritter der Lüfte, dort der Vietcong, schweinische Heckenschützen allesamt. Aber auch der harte Kern der Action-Fans kam nicht auf seine Kosten, wurde mit unglaubwürdigen Schauplätzen, ein paar Explosionen und viel patriotischem Geschwätz abgespeist. Und die Steinzeitpolitik des Machwerks und die damit verbundenen Proteste an der Heimatfront trugen massiv dazu bei, das Genre endgültig zu diskreditieren, zumindest in den Augen des jugendlichen bzw. studentischen Publikums, in den USA mittlerweile die Masse der Zuschauer.

Einen ähnlich schweren Stand hatte der Western, wenn auch zum Teil aus anderen Gründen. Der Erfolg von *True Grit* (Der Marshal, 1969) und *Butch Cassidy and the Sundance Kid* (Zwei Banditen, 1969) konnte hierüber nicht hinwegtäuschen. *True Grit* war ein erstaunlich lebendiges John-Wayne-Vehikel, aufregend und amüsant zugleich, doch so ziemlich der letzte Film dieser Art; *Butch Cassidy and the Sundance Kid,* das war vor allem das entspannte Spiel der Superstars Paul Newman und Robert Redford in einem Kostümfilm, der um die Jahrhundertwende angesiedelt war und so zufällig als Western verkauft werden konnte. Sicherlich war der Vietnamkrieg eine der Ursachen für das Absetzen der Indianer als Bösewichte; ein Völkermord zuviel, könnte man sagen. Aber auch das über viele Jahre dominierende Thema des Western, die Etablierung von Gesetz und Ordnung an der Grenze zwischen Zivilisation und Wildnis, war verbraucht, hatte in der Nixon-Ära etwas Anrüchiges bekommen. So rückten vorübergehend Killer und Outlaws in den Rang von Helden auf, doch die Zeit für Revolvermänner und Weidekriege im Kino war vorbei und »Cowboy« ein Slangausdruck für Homosexuelle geworden. Abgesehen davon war der Western bei der Filmindustrie nie so beliebt, wie es hierzulande vielleicht den Anschein hatte. Western sollten in der Regel als billig produzierte B-Filme schnelles Geld bringen, wurden selbst in weiten Kreisen der Filmschaffenden als minderwertig und vulgär angesehen. Des weiteren hatten unzählige TV-Serien dem Genre das Wasser abgegraben, hatten es domestiziert und fürs Kinderprogramm ausgeschlachtet, bis nur noch das zeitgenössische Outfit geblieben war. Und die nicht wenigen, manchmal sehr bemüht komischen Western im Verlauf des Jahrzehnts, Filme wie *Cat Ballou* (Cat Ballou – Hängen sollst du in Wyoming, 1965) oder *Support Your Local Sheriff* (Auch ein Sheriff braucht mal Hilfe, 1968), hatten viele Versatzstücke zwar ganz vergnüglich durch den Kakao gezogen, dem Genre aber letztlich nur geschadet. Nicht zu vergessen der

*Neuer Wein in der Flasche des Western – Ben Johnson, Warren Oates,
William Holden und Ernest Borgnine in ›The Wild Bunch‹*

Italo-Western, der zwar erst mit mehrjähriger Verspätung die
USA erreichte, in Europa aber schon ab 1965 den Markt beherrschte und mit seiner Mischung aus purem Zynismus und
ultrabrutalen Gewaltszenen die moralisierenden amerikanischen Produkte rasch überflügelte.
Und bezeichnenderweise war es ein als Western verkleideter
Kriegsfilm, der beide Genres zu einem vorläufigen End- und
Höhepunkt führte, *The Wild Bunch* (The Wild Bunch – Sie
kannten kein Gesetz, 1969) von Sam Peckinpah, oder wie es
die amerikanische Kritikerin Pauline Kael formulierte: »Pek-
kinpah füllte neuen Wein in die Flasche des Western und
brachte die Flasche zur Explosion damit.«
The Wild Bunch führt uns an die texanisch-mexikanische

Grenze, kurz vor Ausbruch des Ersten Weltkrieges. Es sind dies die letzten Jahre für berittene Revolverhelden, denn schon kurvt ein Automobil herum, ist von einem Flugzeug die Rede. Und auch die eingesetzten Waffen haben schon ausgesprochen modernen Charakter: Kanonen, ein Maschinengewehr, Handgranaten. Und es wird demonstriert, was aus den vergleichsweise ehrwürdigen Tugenden mittelalterlichen Kampfverhaltens geworden ist. Nicht mehr der gleichberechtigte, unmittelbare, sich auf kürzeste Distanz abspielende Kampf Mann gegen Mann zählt, sondern die Beherrschung neuer Waffentechniken, das wüste Abschlachten möglichst vieler Gegner in einem Handstreich. Und da Peckinpah sich nicht scheute, exakt dies zu zeigen, blutig, direkt und stellenweise höchst artifiziell verfremdet dazu, wurde der Film extrem zwiespältig aufgenommen.

The Wild Bunch zeigt Männer im Krieg, Männer ohne Frauen, gewalttätige Menschen am Rande der Gesellschaft, immer vor dem Sprung ins Nichts. Gleich in der ersten Einstellung reiten uns die Männer des *Bunch* entgegen, als Soldaten verkleidet, auf dem Weg zum berühmten letzten Coup. Anführer des gesetzlosen Haufens ist Pike Bishop (William Holden), ein erfahrener, niemals gefaßter Eisenbahnräuber. Doch der geplante Überfall auf die Kasse einer Eisenbahngesellschaft entpuppt sich als ein Hinterhalt, und als eine Meute verkommener Kopfgeldjäger meint, Gesetz spielen zu dürfen, werden die Banditen mitsamt den Bewohnern einer friedlichen Kleinstadt ins Kreuzfeuer genommen. So wird die Bande um Pike Bishop schon in den ersten Minuten um die Hälfte reduziert, und der Rest flüchtet über die Grenze, mitten hinein in die Wirren der mexikanischen Revolution. Die Bekanntschaft mit einem General der Regierungstruppen (!) verhilft den Banditen zu einem neuen Auftrag, der sie auf amerikanisches Territorium zurückführt. Diesmal ist es ein Waffentransport der US-Armee, den Bishop und seine Leute übernehmen sollen, und diesmal klappt die Sache auch, trotz der Soldaten und Kopfgeldjäger, die den Transport begleiten, von Bishop aber ausgetrickst werden. Ausbezahlt und in seiner Profession bestätigt, aber immer noch auf der Flucht vor den Kopfgeldjägern und den Fehlern seiner Vergangenheit, geht Bishop nach der sadistischen Ermordung eines Bandenmitglieds durch den General zum Gegenangriff über. Mittels einer selbstmörderischen Attacke auf die weit überlegene Truppe des Generals entheben sich die vier letzten Banditen der Notwendigkeit, ein Leben »jenseits ihrer Waffen« führen zu müssen.

»Ich wollte zeigen, was passiert, wenn Killer nach Mexiko gehen«, erklärte Peckinpah dazu. »Und das Merkwürdige dabei ist, daß wir einen Verlust fühlen, wenn diese Killer ihr Ende finden.« Was *The Wild Bunch* dem breiten Publikum letztlich nicht zugänglich machte, war zum einen die ungewöhnliche (und auch ungewöhnlich montierte) Gewalttätigkeit der Filmhandlung, zum anderen das Beharren der Gangster, auf eigene Rechnung zu wirtschaften, einem eigenen Kodex zu folgen. Hätten sich Bishop und die anderen am Ende für einen guten Zweck geopfert, so wie die nicht minder bösartigen Protagonisten des *Dirty Dozen*, *The Wild Bunch* wäre ein Blockbuster sondergleichen geworden. So blieb er ein Achtungserfolg, ein Kultfilm ohnehin, und bestimmt der beste Western, der je gedreht wurde, weit überlegen etwa den Arbeiten eines John Ford oder Howard Hawks. Doch während der Kriegsfilm nur eine ungefähr zehnjährige Pause einlegte und spätestens mit *Apocalypse Now* (Apocalypse Now, 1978) und *The Deer Hunter* (Die durch die Hölle gehen, 1978) wieder mächtig loslegte und zugleich eine Phase filmischer Geschichtsklitterung ohnegleichen einleitete, tat sich im Bereich des Western nach *The Wild Bunch* nicht mehr viel. Zwar versuchten im Laufe der siebziger Jahre vor allem jüngere Regisseure diverse Erneuerungs- und Wiederbelebungsversuche, doch ohne viel Resonanz. Walter Hill scheiterte mit seiner elegischen Interpretation der Jesse-James-Legende *The Long Riders* (Long Riders, 1979) an seiner Vorliebe für Splatterfilm-Effekte; Clint Eastwood folgte mit *The Outlaw Josey Wales* (Der Texaner, 1976) und *Pale Rider* (Pale Rider – Der namenlose Reiter, 1985) eher traditionellen Mustern, mit Erfolg zwar, was aber hauptsächlich Eastwoods Persönlichkeit zuzuschreiben war; und von Peckinpahs *Pat*

Garrett and Billy the Kid (Pat Garrett jagt Billy the Kid, 1973) war nur ein von den Produzenten verstümmelter Torso zu besichtigen, eine ziemlich sinnlose und meistenteils erbärmlich montierte Aneinanderreihung von Action-Szenen. 1980 platzte dann Michael Cimino mit seinem gigantischen Unfug *Heaven's Gate* (Heaven's Gate) in das marode Genre, und der Western war tot, ein für allemal.

Statt dessen blühte ein anderes Genre auf, der Stadtwestern oder Polizeifilm. Natürlich hatte es auch schon vorher »reine« Polizeifilme gegeben, aber als eigenständiges Genre mit festen Regeln und Versatzstücken war der Polizeifilm, nach einigen eher undifferenzierten Anläufen in den späten sechziger Jahren, erst seit Anfang der siebziger Jahre präsent. Und Filme wie *Dirty Harry* (Dirty Harry, 1971) oder *The French Connection* (Brennpunkt Brooklyn, 1972) nahmen denn auch gleich den Charakter der meisten Streifen vorweg, der sich vom herkömmlichen Kriminal- oder Detektivfilm hauptsächlich in einem unterschied: Nicht die Aufklärung eines Verbrechens und die Überführung des Täters standen im Mittelpunkt der Handlung, sondern der Zusammenprall zweier moralischer Welten, die wilde Jagd des Polizisten auf seinen meist früh identifizierten Widersacher. Nicht um den Nachweis der Schuld ging es, um das Zusammentragen von Beweisstücken, sondern um die Bestrafung, um die Vernichtung des Gegners. Abgesehen davon waren es vielfach wieder Western-Geschichten vom aufrechten, unerschrockenen Einzelgänger, vom einzelnen allein gegen die Stadt, mit dem Automobil anstelle des Pferdes, und den Drogenhändlern, Terroristen und allgegenwärtigen Psychopathen statt der umherstreifenden Indianer und Postkutschenräuber.

Zwar ist selbst für die Cops in den härtesten Bezirken von New York City der Computer als Arbeitsgerät weitaus wichtiger als der Revolver, ist der Dienst eher frustrierend denn gefährlich, aber das bestimmt nicht das Bild, das der Zuschauer von der Arbeit und der Welt der Polizeibeamten erfährt, von lobenswerten Ausnahmen wie *Serpico* (Serpico, 1973), *Prince of the City* (Prince of the City, 1981) oder den meisten Joseph-Wambaugh-Verfilmungen einmal abgesehen. Die ac-

14

Zusammenprall moralischer Welten – Gene Hackman und Roy Scheider in ›French Connection‹

tionbetonten Polizeifilme haben in der Regel ein ähnlich gebrochenes Verhältnis zur Realität wie der Western zur historischen Wirklichkeit von Texas um 1870. So wurden Besonderheiten bei der »Eroberung« des amerikanischen Westens wie der Gebrauch neuentwickelter, mehrschüssiger Revolver und Repetiergewehre im Kampf um Land und Leute für das Westerngenre herausgenommen, dramaturgisch umgestellt und in einen erzählerischen Zusammenhang gebracht, der vielfach in der Frage gipfelte: Wer zieht schneller? Doch Duelle Mann gegen Mann, von Angesicht zu Angesicht, waren absolut nicht üblich. Der Schuß aus dem Hinterhalt war die gängige Methode, ein feindseliges Problem zu lösen.

Ähnlich pragmatisch sieht der Alltag der Polizei aus. Kommt es zu Festnahmen oder Zusammenstößen, sind Teamarbeit und der Einsatz technischer Hilfsmittel gefragt, wollen Taktieren, Verhandeln, das Herabsetzen des Risikos gelernt sein. Niemand stürmt blindwütig mit vorgehaltener Waffe durch eine Tür, geht halsbrecherisch auf eigene Faust gegen einen vielleicht überlegenen Gegner vor. Verdächtige Personen werden überrumpelt, statt zum Showdown aufgefordert, und im Umgang mit Geiselgangstern ist es gewöhnlich ohnehin die andere Seite, die (zumindest zeitweise) die Spielregeln bestimmt. In physische Gefahr geraten eigentlich nur Streifenpolizisten, Zivilfahnder und Mitglieder von Sondereinsatzkommandos, aber auch bei diesen Beamten ist dies beileibe kein Dauerzustand, stehen Routinearbeiten wie das Schlichten von Ehestreitigkeiten, das Aufnehmen von Verkehrsunfällen oder Beschattungsaktionen im Vordergrund.

Versucht man dagegen, eine Grundstimmung bei den an (Front-)Einsätzen beteiligten Polizeibeamten auszumachen, so ist es fast immer die Verzweiflung darüber, einen Job erledigen zu müssen, den sonst niemand will und der nicht besonders angesehen ist. So schwingt in vielen Filmen, gerade nach Vorlagen ehemaliger Polizeibeamter, eine tiefe existentielle Trauer mit, umwoben mit dem Glamour des Vergeblichen. Sicherlich, es wird niemand gezwungen, etwa im Gegensatz zum Militärdienst, Polizist zu werden, aber das ist eben nur die eine Seite. Denn es kann andererseits nicht übersehen werden, weswegen es so viele junge Menschen, und in letzter Zeit gerade auch verstärkt Frauen, zum Polizeidienst zieht. Von der in wirtschaftlichen Krisenzeiten nicht uninteressanten beruflichen Absicherung einmal abgesehen, sind es die kleinen Machtspielchen, die locken, das Recht, unmittelbar und notfalls mit Gewalt in das Leben anderer einzugreifen, das Gefühl, auf der richtigen Seite zu stehen und etwas Gutes zu tun. Und nicht zu vergessen die Pistole, die einem Respekt verschafft, die den eigentlichen Unterschied markiert.

Aber da die Polizei als Durchsetzungsinstanz demokratischer

Rechte, als Hüterin einer allgemein anerkannten öffentlichen Ordnung eine relativ junge Erfahrung ist, zumindest in der Bundesrepublik, kann man es niemandem verdenken, wenn er diesem Machtapparat mit Mißtrauen, wenn nicht mit Verachtung gegenübersteht. So waren noch vor wenigen

›Prince of the City‹ – Treat Williams und Lindsay Crouse

17

Jahrzehnten die bis dahin aufgestellten Polizeikräfte nichts weiter als Instrumente der herrschenden Klasse, wurden Polizeibeamte beispielsweise gegen streikende Arbeiter oder unliebsame politische Gruppierungen eingesetzt. Und auch heute noch hat man gelegentlich den Eindruck, die Polizei werde als Schutzschild oder Knüppel einzelner Interessengruppen verheizt. So ist bei relativ einfach zu definierenden Delikten wie Mord oder Raub die Effektivität und Neutralität der Polizei wohl gewährleistet und die Aufklärungsquote entsprechend hoch, aber wenn etwa riesige Polizeikräfte aufgeboten werden, um bestenfalls sinnlose, schlimmstenfalls aber lebensgefährliche Industrieprojekte (mit) durchzusetzen, dann regen sich doch massive Zweifel am Nutzen dieser »Freunde und Helfer«. Und gerade das Drogenproblem beweist tagtäglich, wie unwirksam eine Kampagne sein kann, die sich auf den rein polizeilichen Aspekt bei der Bekämpfung einer Seuche stützt, weswegen das Drogenproblem möglicherweise nicht anders zu lösen sein wird als durch eine (Teil-)Legalisierung der verschiedenen Rauschmittel.

Weitaus kritischer etwa mit den Zeiterscheinungen der siebziger Jahre ist ein anderes, leider etwas kurzlebiges Filmgenre umgesprungen, der Konspirationsfilm. Filme wie *The Parallax View* (Zeuge einer Verschwörung, 1974), *The Three Days of the Condor* (Die drei Tage des Condors, 1975) oder *The Killer Elite* (Die Killer-Elite, 1976) haben staatliches Handeln und Wirken als potentiell, wenn nicht als absichtlich verbrecherisch hingestellt, haben die Regierungen als nur an der Machterhaltung interessiert gezeigt, mit den diversen Abteilungen wie Polizei oder Geheimdienst als willfährige Helfershelfer. *The Three Days of the Condor* etwa beschreibt die CIA als Gangsterorganisation innerhalb des Staatsgefüges, als ein offensichtlich unkontrollierbares Monster ohne vorgesetzte Instanz, von Machtgier und Paranoia beherrscht, allgegenwärtig und tödlich.

Und vielleicht erklärt dies unter anderem den lange anhaltenden Erfolg des Polizeifilms. Die dem Genre verbundenen Regisseure verstehen es immer wieder aufs neue, ihre Protagonisten als unentbehrlich und letztlich gerecht, wenn auch nicht unbedingt gesetzestreu, hinzustellen. Sie erzählen darüber hinaus ihre Geschichten in einem klar überschaubaren Rahmen, sie legen viel Wert auf Tempo und Action (was so manche unlogische Stelle im Handlungsablauf verdecken kann), sie führen die Polizeibeamten als die letzten Kreuzritter vor, die nur zum Schwert greifen, um nicht durch das Schwert umzukommen.

So wie im Polizeifilm, ungeachtet aller Übertreibungen und Verfälschungen, der Gegner immer sichtbar und konventionell vernichtbar ist, im Gegensatz etwa zum Agentenfilm-Schub der sechziger Jahre. Dort wurden immer groteskere Feindbilder aufgebaut, bis James Bond und Kollegen nur noch für die Rettung der Welt zuständig und dementsprechend unglaubwürdig waren und der Agentenfilm rasant in Parodie und Klamauk verfiel. Und der Zwang der Autoren, zumindest rudimentär aus der zunächst erfahrbaren Wirklichkeit zu schöpfen (wer hat in seinem Leben noch nichts mit der Polizei oder der Staatsanwaltschaft zu tun gehabt, doch wohl die wenigsten; aber wer hat schon Umgang mit Agenten und Spionen!), hat dem Genre ebenfalls nur gutgetan. So können wir über den Nervenkitzel hinaus, den diese Filme uns bieten, auch erfahren, wie es in unseren Städten heute zugeht, wie weit uns die sogenannten Errungenschaften der Zivilisation gebracht haben, was uns noch alles bevorstehen könnte. Folglich haben die besten Filme des Genres wenn nicht prophetischen, so doch warnenden Charakter, und auch deshalb wird uns der Polizeifilm als die publikumswirksamste Variante des zeitgenössischen Problemfilms noch lange erhalten bleiben.

Denn eines scheint mir sicher: Wir werden in Zukunft mit mehr Polizei, mit mehr staatlicher Macht, mit mehr Beschränkungen unserer augenblicklich noch so selbstverständlichen Bürgerrechte und Freiheiten leben müssen. Und solange Polizeifilme diese Konflikte wenigstens ansatzweise aufzeigen (Lösungen zu erwarten wäre sicherlich zu viel verlangt), haben wir ein kleines Korrektiv zur Hand. Die Polizei mag uns zwar beschützen, den alltäglichen Wahnsinn regeln, die kleinen Gauner fangen und die Bosse und White-collar-

Gangster verunsichern, aber sie kann auch gegen uns verwendet werden, und zwar in einem Zusammenhang, in dem wir jede Schuld strikt von uns weisen würden, und diese Tatsache sollten wir nie vergessen.

Es gibt keine harmlosen Polizisten.

2. Im Zeichen des Guten

Die Welle der ersten Gangsterfilme Anfang der dreißiger Jahre fand ein abruptes Ende, als es den Moralaposteln und Sittenwächtern der amerikanischen Gesellschaft nicht mehr genügte, die »Kleinen Cäsaren« und »Narbengesichter« von Kugeln durchlöchert im Rinnstein enden zu sehen. Die Stunde der Zensoren hatte geschlagen, und die Filmindustrie unterwarf sich rasch vielerlei (Selbst)beschränkungen, um niemanden unnötig zu verärgern. Die Stars wurden angehalten, ihr (ausschweifendes) Sexualleben möglichst im verborgenen zu führen, und kontroverse bzw. realistische Darstellungen von Sex, Gewalt oder Politik auf der Leinwand wurden dem Prinzip der breitestmöglichen Verkäuflichkeit geopfert. Von einigen wenigen Sozialdramen abgesehen, bot die Traumfabrik nun an, was das Publikum angeblich wollte und dem *american dream* nicht abträglich war. Und eine gigantische, weltumspannende Vergnügungsindustrie nahm ihren Anfang, zum Leidwesen vieler Kulturkritiker, die dennoch unentwegt nach Kunst und Provokation suchten, wo dergleichen längst nicht mehr beabsichtigt war.

Ein anderer Mann, eine andere Institution profitierten ebenfalls von diesem Umschwung: J. Edgar Hoover und das Federal Bureau of Investigation, kurz das FBI, ursprünglich eine eher bedeutungslose Unterabteilung des Justizministeriums, seit 1924 von Hoover geleitet. Hoover verstand es geschickt, die anfangs recht bescheidenen Zuständigkeiten des FBI zielstrebig auszubauen, und spätestens mit dem Lindbergh-Gesetz von 1934, das Kidnapping zu einem FBI-Delikt erklärte, waren die Weichen für die nachfolgende Macht des FBI und damit auch der Hoovers gestellt.

Und Hoover konzentrierte sich sogleich medienwirksam auf vergleichsweise unwichtige Landbanditen wie John Dillinger oder die Ma Barker Gang, um sich und seinen Verein zu profilieren, und das nicht selten mit dubiosen bis illegalen Mitteln. Und da die örtlichen Polizeibehörden als unzuverlässig und korrupt galten, fiel es den FBI-Beamten nicht besonders schwer, sich das Image von unbestechlichen Saubermännern zu geben, die von nichts und niemandem aufgehalten werden konnten. Die Gangstersyndikate, die sich im Verlauf des Alkoholverbotes von 1920 bis 1933 in fast allen amerikanischen Großstädten festgefressen hatten, wurden von Hoover dagegen kaum attackiert. Zuviel Geld und Macht hatten sich da bereits etabliert, zu viele Verlockungen winkten, um die FBI-Agenten vom rechten Weg abzubringen.

Parallel zu Hoovers Erfolgen ging die Filmindustrie dazu über, die ersten FBI-Beamten oder G(overnment)-Men ins Feld zu schicken, was nicht allzu schwierig war, wie der erste Film dieser Art, *G-Men* (Der FBI-Agent, 1935) von William Keighley, bewies. Eine der beiden Parteien bekam einfach Polizeimarken und stand auf der richtigen Seite, aber sonst ähnelte das Ganze noch eher der Auseinandersetzung konkurrierender Gangsterbanden als dem ewigen Kampf zwischen Gut und Böse. James Cagney spielt in *G-Men* einen erfolglosen Anwalt mit Unterweltverbindungen, der nach der Ermordung eines Freundes zum FBI geht, um seinen Rachegelüsten auf legale Weise nachzugehen. Das Ergebnis ist ein Sturm der Gewalt, wie er selbst in den vorhergegangenen Gangsterfilmen nicht zu finden war. Ein weiterer bedeutender Gangsterdarsteller, Edward G. Robinson, spielt in *Bullets or Ballots* (Wem gehört die Stadt, 1936), ebenfalls von Keighley inszeniert, einen Undercover-Agenten, der einen Gangsterring von innen her aufsprengt, mit Humphrey Bogart als einem der Gegenspieler.

Nach dem Kriegseintritt der USA 1941 hatte das FBI dann andere Sorgen bzw. einen anderen Gegner, zumindest in den paranoiden Vorstellungen Hoovers und vieler Amerikaner, die sich plötzlich unterwandert und ausspioniert sahen, ja sogar eine Invasion befürchteten. Geschichten um Gangster, leichte Mädchen und korrupte Politiker wanderten in die Zuständigkeit der Privatdetektive, es folgte das Jahrzehnt der Privatschnüffler, des Film Noir. Nur einige wenige Filme stellten FBI-Beamte oder andere Bundesagenten in den Mittelpunkt, am aufregendsten sicher in dem Streifen *The House on 92nd Street* (Das Haus in der 92. Straße, 1945) von Henry Hathaway, der die Bemühungen des FBI zeigt, Nazi-Agenten auszuschalten, die hinter dem Geheimnis der Atombombe her sind. Ein Doppelagent (William Eythe), der sowohl für die Deutschen wie auch für das FBI arbeitet, hilft dem FBI, einen Spionagering auffliegen zu lassen.

T-Men (Geheimagent T, 1947) von Anthony Mann beschreibt den weitgehend authentischen Fall zweier Agenten des Schatzamtes, gespielt von Dennis O'Keefe und Alfred Ryder, die sich nach der Ermordung eines Informanten als Gangster ausgeben, um so Zugang zu einem Geldfälscherring zu erhalten. Ihr Vorhaben gelingt, doch dann läuft einer der Agenten in Begleitung eines der echten Gangster einer Bekannten über den Weg und wird mit seinem richtigen Namen angesprochen. Die Bande schöpft daraufhin Verdacht, zieht Ermittlungen ein und kommt dem Agenten so auf die Spur. Der andere Beamte muß hilflos mitansehen, wie sein Kollege und Freund von den Gangstern erschossen wird, kann die Aktion aber schließlich erfolgreich zu Ende führen. Bemerkenswert an dem Film ist vor allem die Leichtigkeit, mit der die beiden Agenten die Seiten wechseln und als gewiefte Unterweltler agieren; also eigentlich ein Film über die Notwendigkeit der Polizei, wie eine Gangsterbande zu operieren. Der aufdringliche Off-Kommentar und die ständigen Hinweise auf die authentische Vorlage werden von Manns dem Film Noir verhafteter Regie dabei glücklicherweise gekonnt unterlaufen.

Border Incident (Gefährliche Grenze, 1949), ebenfalls von Anthony Mann inszeniert, stellt zwei Bundesagenten vor, einen mexikanischen (Ricardo Montalban) und einen amerikanischen (George Murphy), die gemeinsam gegen eine Gangsterbande vorgehen sollen, die mexikanische Arbeitskräfte erst illegal auf amerikanisches Gebiet schleust, bei ihrer Rückkehr dann ausraubt und zum Teil ermordet. Zu diesem Zweck schlüpft Montalban in die Rolle eines arbeitssuchenden Tagelöhners, während Murphy als hartgesottener Gauner auftritt und sich so an die Bande heranpirscht. Auch hier bezahlt einer der Agenten den Einsatz mit seinem Leben: Es ist Murphy, der auffliegt, dann auf der Flucht angeschossen und auf einem frischgepflügten Feld von den Gangstern mittels eines riesigen Kultivators zerstückelt wird, mit Montalban als Zeugen.

Ein thematisch verwandter Film – d. h., die Geschichte basierte auf authentischen Ereignissen, wurde zum überwiegenden Teil an den Originalschauplätzen gedreht, mit relativ unbekannten Schauspielern, die ganz durchschnittliche Ermittlungsbeamte mit all ihren Fehlern und Schwächen darstellten – war *The Naked City* (Die nackte Stadt, 1948) von Jules Dassin, der die betont unglamourösen Bemühungen der NewYorker Kriminalpolizei zeigte, einen Frauenmörder zu finden, wobei dem Schauplatz indirekt die Hauptrolle zukam.

Ein Sonderfall ist *Laura* (Laura, 1944) von Otto Preminger, in dem Dana Andrews als Detective Mark McPherson bei den Ermittlungen in einem ungewöhnlich garstigen Mordfall mehr über sich in Erfahrung bringt, als ihm lieb sein kann. Er verschaut sich in das Porträt der augenscheinlich ermordeten Laura Hunt (Gene Tierney), um nachher festzustellen, daß die Frau gar nicht tot ist, der Mörder versehentlich einer Freundin des anvisierten Opfers eine Schrotladung ins Gesicht geblasen hat. Und folglich steht nicht so sehr der Gang der polizeilichen Untersuchung im Mittelpunkt von *Laura,* sondern die Verwandlung des Detectives vom sachlichen Ermittler in einen befangenen Liebhaber. Was passiert mit dem Detective, wie reagiert er bei diesem Job, in dem er sich wie ein Berufsspieler solche Gefühle eigentlich nicht leisten dürfte? Wobei sich gerade bei *Laura* die Frage aufdrängt, nach Entlarvung des Killers und Happy-End, was den beiden für ihr weiteres Leben bleibt. Eine mondäne Schönheit, an ein Leben in Luxus und geistreicher Umgebung gewöhnt, und ein schlechtbezahlter, miefiger Schnüffler. Fürwahr, ein seltsames Paar.

Dennoch ist *Laura* einer der wenigen Filme, die auch heute noch Wirkung zeigen und nicht nur aus Gewissensgründen angesehen werden. Einer, der sich den Film ganz genau angesehen hat, war Burt Reynolds, der mit seinem *Sharky's Machine* (Sharky und seine Profis, 1981) praktisch eine Neuauflage geliefert hat, aufgemotzt mit technischen Spielereien und neumodischen Brutalitäten, ohne das Original auch nur entfernt zu erreichen. Schade um den Roman gleichen Titels von William Diehl, einem der besten Polizei-Thriller der letzten Jahre, der dadurch um seine adäquate Filmauswertung kam.

Preminger und seine beiden Hauptdarsteller fanden sich nochmals für den Film *Where the Sidewalk Ends* (Faustrecht der Großstadt, 1950), in dem Andrews als Detective Mark Dixon einen klaren Vorläufer von Dirty Harry verkörperte. Dixon, der mit Verdächtigen ziemlich unsanft umspringt, tötet versehentlich einen Mann und versucht, die Tat als das Ergebnis einer Auseinandersetzung unter Gangstern hinzustellen. Doch statt dessen wird ein gänzlich unschuldiger Taxifahrer verhaftet, was um so schlimmer ist, da Dixon der Tochter des Mannes (Tierney) unvermutet näherkommt. In einem letzten verzweifelten Versuch, den Taxifahrer zu entlasten, legt er sich mit einem Gangsterboß an. Das führt auch zum gewünschten Erfolg, aber dann bekehrt er sich vollends und gesteht seine Verfehlungen, läßt die Dämonen seiner Vergangenheit endgültig hinter sich. Er geht ins Gefängnis, in dem Wissen, daß die Frau auf ihn warten wird.

Einen ähnlich von seiner Arbeit besessenen Polizisten mit gutem Kern spielt Cornel Wilde in Joseph H. Lewis' Meisterwerk *The Big Combo* (Geheimring 99, 1955). Lieutenant Leonard Diamond (Wilde) ist seit sechs Monaten hinter dem Gangster »Mister Brown« (Richard Conte) her, doch außer Spesen nichts gewesen. Als Browns Freundin Susan Lowell (Jean Wallace), eine junge, attraktive Frau aus besseren Kreisen, dann aber mittels Tabletten einen Selbstmordversuch unternimmt, sieht Diamond seine Stunde gekommen. Er nimmt die unglückliche Frau in Schutzhaft und läßt sie ins Gefängniskrankenhaus überführen, in der Hoffnung, sie dort unter Druck setzen zu können. Tatsächlich erfährt er von einer gewissen »Alicia«, und gibt daraufhin Anweisung, alle Gefolgsleute von Brown zu verhaften und über diese »Alicia« zu befragen. Brown selbst wird einem Lügendetektor-Test unterzogen.

Doch Diamond kommt dem Geheimnis von »Alicia« nicht auf die Spur. Statt dessen hört er von einem Mann namens

Bettini, einem Vorgänger von Brown, der sich seit sieben Jahren versteckt hält. Aber bevor er diesbezüglich etwas unternehmen kann, erhält er von seiner Freundin Rita (Helene Stanton), einer Tänzerin, die Warnung zugesteckt, daß Brown etwas im Schilde führe. Zu spät: Diamond läuft in die Falle und wird von Browns Leibgarde (Lee van Cleef und Earl Holliman) niedergeschlagen und entführt. Browns rechte Hand McClure (Brian Donlevy) möchte Diamond am liebsten auf der Stelle totschlagen, aber Brown verfügt über eine andere, weitaus subtilere Technik, um Diamond auszuhorchen und zu quälen. Er überträgt McClures Hörgerät auf Diamond, hält dann ein Radio mit Tanzmusik ans Mikrofon und setzt Diamond damit so lange zu, bis dieser ohnmächtig wird. Anschließend wird Diamond von den Gangstern mit hochprozentigem Haarwasser (!) abgefüllt und sturzbetrunken seinem Vorgesetzten, Captain Peterson, zurückgegeben.

Diamond kann gegen Brown und die anderen nicht einmal Anklage erheben, da ihm die Beweise fehlen, aber er sieht seinen Verdacht hinsichtlich der Bedeutung von »Alicia« bestätigt. So nimmt er mit Bettini (Ted de Corsia) Verbindung auf, und wird prompt für einen Killer im Solde Browns gehalten. Diamond bringt Bettini in Sicherheit und erfährt, daß Brown vor vielen Jahren mit einer gewissen Alicia verheiratet war, die Frau aber auf einer Seereise von New York nach Lissabon unter mysteriösen Umständen verschwunden sei, höchstwahrscheinlich von Brown ermordet und über Bord geworfen, vermutlich mit Hilfe des Kapitäns.

Diamond sucht daraufhin diesen Kapitän auf, der nun als Antiquitätenhändler tätig ist und dessen Geschäft von Brown kontrolliert wird. Diamond stellt den Ex-Kapitän zur Rede, erhält aber nur ausweichende Antworten. Doch Diamond ist kaum weg, da wird der Mann beim Verlassen seines Geschäftes erschossen, von McClure, der sich bedroht fühlte und entgegen Browns Befehl handelte. Diamond macht sich nach diesem Vorfall wieder an Susan Lowell heran, stellt Brown als skrupellosen Gangster hin, der über Leichen geht. Er macht Brown so madig, daß Susan aufsässig wird und Brown droht, ihn zu verlassen. Das führt dann dazu, daß Brown erstmals

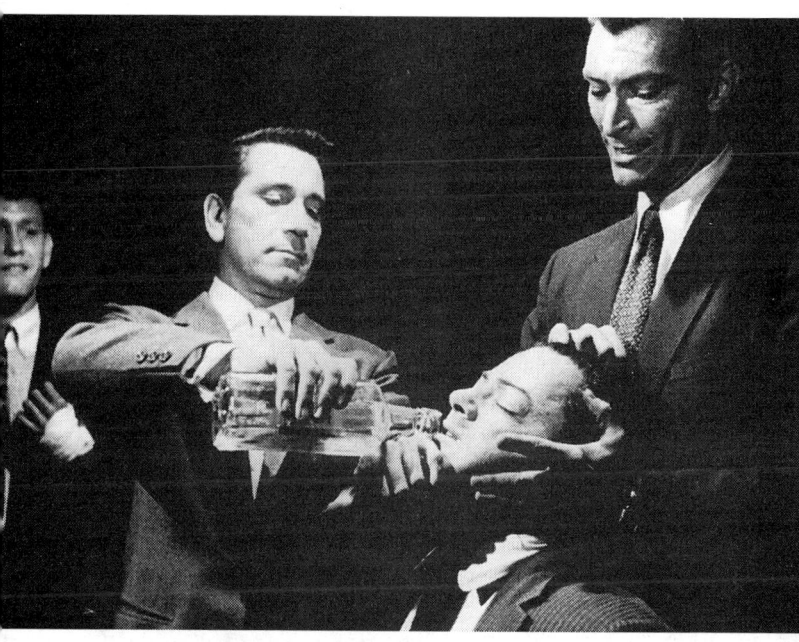

›The Big Combo‹ – Die Haarwassertortur

richtig wütend wird und seine Killer anweist, Diamond aus
dem Weg zu räumen. Doch es ist Diamonds Freundin Rita,
die dem Anschlag versehentlich zum Opfer fällt. Diamond
will im ersten Schmerz Rache nehmen und auf eigene Faust
gegen Brown vorgehen, aber sein Partner hält ihn zurück.
Und unvermutet taucht Susan Lowell bei Diamond im Büro
auf. Sie erklärt, daß sie sich von Brown getrennt habe, und
präsentiert ein Foto, das Alicia am Leben zeigt.
Damit scheint Diamonds Plan, Brown wegen Mordes an seiner Frau dranzukriegen, geplatzt. Doch es kommt anders:
Sie spüren Alicia auf und rekonstruieren, was seinerzeit auf
dieser Seereise tatsächlich passiert ist. Es war Browns damali-
ger Boß Grazzi, der über Bord gegangen ist, mit Alicia und
dem Kapitän als Mitwissern. McClure versucht daraufhin,
Browns Killerduo auf seine Seite zu ziehen und auf Brown zu

Ein dunkles Universum der Gewalt – ›The Big Combo‹

hetzen, bezahlt diese Palastrevolte aber mit seinem Leben. Brown hält es nun für klüger, unterzutauchen und seine Flucht vorzubereiten. Zwischendurch entledigt er sich der beiden Killer, indem er ihnen eine Bombe ins Versteck schmuggelt. Zuletzt holt er sich Susan zurück und flieht zu seinem Privatflugplatz, wird dort aber von Diamond gestellt und mit Hilfe Susans überwältigt.

The Big Combo ist ein wirklich schwarzer Film, nicht nur wegen der extrem knappen Ausleuchtung und der Tatsache, daß wir uns in einer Welt wähnen, in die nie ein Sonnenstrahl fällt. Diamond ist vor allem hinter Brown her, um dessen Macht über Susan Lowell zu brechen, um eine als ehrenrührig empfundene Beziehung zu zerstören. Andererseits ist es ausgerechnet Susans Eifersucht auf Browns Ex-Frau, die zu ihrer Entfremdung von Brown führt und sie Diamonds Bemühungen zugänglich macht. Dabei ist Diamond kein sonderlich anziehender Charakter, so wie alle Personen durch ihre sexuellen Neigungen und Vorlieben definiert werden.

›The Big Combo‹ – Cornel Wilde und Lily O'Neil

The Scarface Mob (Die Schande von Chicago, 1958) von Phil Karlson, ursprünglich ein für das Fernsehen gedrehter Pilot-film für die Serie »The Untouchables«, stellt eine authentische Figur in den Mittelpunkt, den Agenten Eliot Ness vom Schatzamt (in der deutschen Fassung der Serie ist allerdings immer vom FBI die Rede). *The Scarface Mob* zeigt Ness im Kampf gegen das Al-Capone-Imperium, zu einer Zeit, als Capone wegen Steuerhinterziehung bereits im Gefängnis sitzt und eine Reihe anderer Bosse wie Frank Nitti sich die Erbschaft streitig machen. Robert Stack war in der Rolle des Eliot Ness sehr überzeugend, eine sehr dunkle, rechthaberische Figur, an der alles abzuprallen schien.

Aber hatte sich *The Scarface Mob* noch mit wirklichen Gangstern beschäftigt, verfiel die sozusagen offizielle Version des FBI-Werdegangs total den Gesetzen der *soap opera*. *The FBI-Story* (Geheimagent des FBI, 1959), inszeniert von Mervyn Le Roy, nach einem »Tatsachenbericht« von Don Whitehead, hätte ebensogut »Szenen einer amerikanischen Ehe 1920 bis 1950« benannt werden können, so sehr stehen die häuslichen Ereignisse des von James Stewart und Vera Miles gespielten Ehepaares Hardesty im Vordergrund. Aber damit nicht genug: Der Film überspannt annähernd vierzig Jahre FBI-Geschichte, ohne die Rolle und die Zuständigkeiten des FBI im amerikanischen Exekutivsystem klarzustellen noch die Bedingungen für das Entstehen dieser Institution ausreichend zu klären. Nur einmal wird im Dialog aufgeführt, man habe eine politischen Einflüssen nicht unterworfene Polizeiorganisation aufbauen wollen. Ein auf den ersten Blick schöner Gedanke, der aber zu nichts führt, da es eine unabhängige Polizei, in welchem Sinn auch immer, nicht geben kann. Es sei denn, die Polizei macht sich selbständig und übernimmt die Macht im Staat (was Hoover nicht ferngelegen hat, wie seine ungeheuer autoritäre und auch destruktive Amtsführung bewiesen hat).

Bedenklich auch ist die Auswahl der Fälle, die Hardesty beschäftigen, falls er gerade mal Zeit hat. Der Film ist episodenhaft aufgebaut und beginnt in der Gegenwart mit einem sichtlich Verrückten, der ein ganzes Flugzeug samt seiner Mutter

Vierzig Jahre FBI-Geschichte – James Stewart in ›The FBI-Story‹

in die Luft sprengt, um die Lebensversicherung der Mutter zu kassieren. Natürlich wird er überführt und so der Beweis für die ungebrochene Effizienz des FBI selbst bei kompliziertesten Fällen erbracht (das zerfetzte Flugzeug etwa wird Stück für Stück aufgesammelt und wieder zusammengesetzt, bis die Ursache des Absturzes, eben eine Explosion an Bord, feststeht).

Dann ein Zeitsprung zurück in die Kinderjahre des FBI, wo Hardesty nach ersten amourösen Erlebnissen in die Südstaaten geschickt wird, in das Reich des Ku-Klux-Klan. Dieser ominöse Verein wird als ein Haufen Wirrköpfe dargestellt, der andere Leute verprügelt und nächtliche Fackelzüge abhält. Und als die Ku-Kluxer es zu bunt treiben, sperren Hardesty und seine Kollegen eine Gruppe davon in einen Lastwagen und verfrachten sie ins Gefängnis. Ende des FBI-Auftrittes.

Im zweiten Fall geht es noch undurchsichtiger zu. Als auf dem Gebiet eines Indianerstammes Öl gefunden wird, fallen die plötzlich steinreich gewordenen Rothäute nach und nach einer Bande von Landräubern zum Opfer, als deren Drahtzieher ein Bankier operiert. Hardesty erschleicht sich das Vertrauen des Bankiers und macht den Mann dann mit Hilfe des FBI-Labors und eines geständigen Komplizen unschädlich.

Dann geht es mitten hinein in die Bandenkriege der dreißiger Jahre, die teilweise recht lebendig inszeniert sind, ganz so, als habe Le Roy allein an diesen Sequenzen Gefallen gefunden (was weiter nicht verwunderlich wäre). Nach dem sogenannten Kansas-City-Massaker vom 19. Juni 1933, dem der Bankräuber Frank Nash und etliche Polizeibeamte zum Opfer fallen, bekommt das FBI grünes Licht für übergreifende Fahndungsmaßnahmen, und die Agenten dürfen endlich auch Waffen tragen. Und das bedeutet das Ende für so schillernde Figuren wie Pretty Boy Floyd, Baby Face Nelson und John Dillinger. Hardesty ist überall mit dabei, verliert bei einer Schießerei seinen besten Freund und heimst alle Erfolge für das FBI ein. Darunter Fälle, die in Wirklichkeit lediglich mit Unterstützung des FBI oder gar von den lokalen Behörden allein gelöst wurden. John Dillinger etwa kam durch einen simplen Verrat um, beileibe keine jägerische Meisterleistung, so wie in der Regel nicht so sehr die Brillanz und die Schlagkraft des FBI für den Niedergang und Fall der Gangster verantwortlich waren, sondern deren Ignoranz und Eitelkeit.

Die nächsten Feinde sind dann die Nazis, wir sind inzwischen im Zweiten Weltkrieg, und da wird die Sache dann ziemlich unsinnig. Dieser Kampf spielt sich in einem nicht näher bezeichneten Land Südamerikas ab, und Hardesty hat eigentlich nichts anderes zu tun, als ein paar (illegal operierende?) FBI-Agenten aus der Schußlinie einer plötzlich feindselig gestimmten Regierung zu ziehen. Der letzte Auftrag in diesem Zusammenhang führt ihn auf einen Berggipfel, wo das FBI eine Funkstation betreibt, die über feindliche Flottenbewegungen berichten soll. Hardesty und seinem Kollegen gelingt es im letzten Augenblick, die Station und wichtige Unterlagen zu vernichten. Dann werden sie eine Zeitlang von Regierungstruppen durchs Gebüsch gescheucht, bis Hardestys einheimischer Begleiter und Scout sich für die beiden Gringos heldenmutig opfert und so seinen Beitrag zur Völkerverständigung leistet.

Die letzte Attacke gilt dann kommunistischen Infiltratoren, dramaturgisch aufgelöst in eine schier endlose Beschattungsaktion, die zwei Spionen gilt, die irgendwo in New York City einen Treffpunkt haben und sich für Profis in dem Metier ausgesprochen dämlich verhalten. Das Ganze ist vielleicht authentischen Ereignissen nachgestellt, aber es macht wenig

Das Massaker in Kansas City – ›The FBI-Story‹

Vergnügen, sich diese »Hasenjagd« anzusehen, zudem das Ende absehbar ist. Auf Hardesty und seine Männer fliegt währenddem kein Schatten, der Gegner ist in der Regel leicht auszumachen und noch leichter niederzumachen.

1973 dann drehte John Milius mit *Dillinger* (Jagd auf Dillinger) eine zwar atmosphärisch stimmige und gut besetzte Studie über die letzten Monate Dillingers, aber der Kampf des FBI-Agenten Melvin Purvis (Ben Johnson) gegen den bekanntesten Gangster seiner Zeit (Warren Oates) kommt trotz allen Munitionsverbrauchs nie so auf Touren, wie man es bei diesem Thema eigentlich erwarten könnte. Purvis tut seinen Job, und Dillinger rennt Richtung Tod, aber es fehlt das Element des Einzigartigen, Unwiederbringlichen, das diesen ungleichen Zweikampf erhöht und der Legende angemessen gemacht hätte.

Der amerikanische Kritiker Andrew Sarris hat das Dilemma von *In the Heat of the Night* (In der Hitze der Nacht, 1967) auf den Punkt gebracht. Er schreibt, was ihn am meisten an dem Film gestört habe, sei die Annahme, daß jeder Schwarze, ehrbar und gebildet wie auch immer, Einverständnis mit einem Weißen finden könne, der imstande war, ihn als »Boy« anzusprechen und damit von vornherein fertigzumachen. Aber gerade dieses extrem naive und einseitige Bekenntnis zur Rassenversöhnung hat dem Film zum Erfolg verholfen, und das zu einer Zeit, als die Zeichen auf blutige Konfrontation standen und die Schwarzen noch einen sehr weiten Weg zur Gleichberechtigung vor sich hatten. Zwar ist der Streifen technisch sehr gut gemacht, die Produzenten bekamen nicht umsonst einen Oscar für den besten Film des Jahres, und Regisseur Norman Jewison wirft genug Verfolgungsjagden ein, um den Zuschauer bei Laune zu halten, als reine Detektivgeschichte ist *In the Heat of the Night* aber doch recht mager, und die Auflösung ist wie bei fast allen Whodunits nicht sonderlich aufregend. Im Zentrum steht folgerichtig der Konflikt zwischen dem städtischen, überaus kompetenten Mordkommissions-Detective Virgil Tibbs (Sidney Poitier) und dem ländlichen, mit Vorurteilen beladenen Sheriff Bill Gillespie (Rod Steiger). Ein Raubmord geschieht, und der Sheriff

Heile Authentizität – James Stewart in ›The FBI-Story‹

greift sich wahllos Verdächtige, ignoriert wichtige Spuren, tut
eigentlich alles, was man von einem Mann in seinem Amt
nicht erwarten würde. Scheinbar geht ein Mordfall über seine
Kräfte, und so bleibt es Tibbs überlassen, die Sache mit dem
nötigen Professionalismus anzugehen, anfangs behindert,
dann unterstützt von Gillespie. Nachhaltig in Erinnerung
bleibt die Szene, in der Tibbs einem rassistischen Gutsbesit-
zer eine Ohrfeige zurückgibt und der Mann sich daraufhin
stammelnd beim Sheriff beschwert, daß so ein Verhalten in

Der weite Weg zur Gleichberechtigung – ›In the Heat of the Night‹ von Norman Jewison

früheren Zeiten den sofortigen Tod des Schwarzen zur Folge gehabt hätte. Und so wäre es sicherlich besser gewesen, mit der sich anbahnenden Freundschaft zwischen Tibbs und Gillespie nicht gar so dick aufzutragen, werden viele vorhergegangene Konflikte doch dadurch entschärft, wenn nicht lächerlich gemacht. Tibbs hätte nach getaner Arbeit einfach abfahren und den Sheriff als das zurücklassen sollen, was er war, ein inkompetenter, brutaler Rassist. Aber das durfte nicht sein in dem Gewinnspiel, das Hollywood heißt, und Tibbs hatte, um nochmals Sarris zu zitieren, die »Qualitäten eines Sherlock Holmes und eines Jean Paul Sartre in sich zu vereinen«, um überhaupt als Gegenspieler (und Freund) des Sheriffs in Frage zu kommen. Ein bescheuerter Weißer hier, ein schwarzes Genie dort, darunter ging nichts in Hollywoods idiotischer Buchführung.

Immerhin führte der Erfolg von *In the Heat of the Night* zu zwei Fortsetzungen mit dem Charakter des Virgil Tibbs, doch keine ist eigentlich der Rede wert. In *They Call Me Mister*

›In the Heat of the Night‹ – Sidney Poitier und Rod Steiger

Tibbs (Zehn Stunden Zeit für Virgil Tibbs, 1970) von Gordon Douglas untersucht Tibbs, diesmal in San Francisco, den Mord an einer Prostituierten, wobei ein Prediger und Freund von Tibbs als Hauptverdächtiger in Erscheinung tritt. Das macht den Fall zwar etwas schwierig für Tibbs, aber da der Routinier Douglas, wie schon so häufig in seiner Karriere, nicht das geringste Interesse an der ohnehin drittklassigen Story zeigte, blieb nur gähnende Langeweile. Ein ganz klein wenig besser war *The Organization* (Die Organisation, 1971), ebenfalls in San Francisco angesiedelt, inszeniert von Don Medford. Tibbs bekommt es hier mit ein paar idealistischen jungen Leuten zu tun, die es sich zum Ziel gesetzt haben, einer Drogenorganisation das Handwerk zu legen. Dabei benehmen sie sich natürlich wie blutige Anfänger, machen Fehler über Fehler und finden sich zwischen allen Fronten wieder. Tibbs hat eigentlich nicht viel mehr zu tun, als den Jugendlichen gegenüber den aufgescheuchten Gangstern beizustehen, eine Aufgabe, der er nicht immer gerecht werden kann.

Zwei andere Streifen handelten das Thema Schwarz-Weiß in der Hitze des Südens ab. *Tick Tick Tick* (tick … tick … tick, 1970) von Ralph Nelson zeigt die Bemühungen eines neu gewählten Sheriffs, eines Schwarzen, gespielt von dem Ex-Football-Star Jim Brown, bei seinen Dienstanfängen, und gäbe es eine Liste für die verlogensten Filme aller Zeiten, *Tick Tick Tick* hätte einen Platz ganz oben. Dieser Sheriff Jim Price ist so edel und vollkommen, wie Schwarze eben sein müssen, wollen sie eine Heldenrolle übernehmen. Und der abgewählte Sheriff (George Kennedy) reißt sich förmlich darum, seinem Amtsnachfolger möglichen Ärger aus dem Weg zu räumen. So kommt für Price die Hauptgefahr fast folgerichtig aus den eigenen Reihen, vom Anführer einer militanten Gruppe, der auch vor einer Vergewaltigung nicht zurückschreckt, um Price das Amt schwerzumachen. Um den Unfug vollzumachen, kommt Price anläßlich eines Konflikts mit einigen Leuten aus dem Nachbar-County eine Abordnung des lokalen Ku-Klux-Klan zu Hilfe, und der Zuschauer kommt dadurch um die Schlußkeilerei, auf die er die ganze

Black Power gegen den Ku-Klux-Klan – Lola Falana, O. J. Simpson und Richard Burton in ›The Klansman‹

Zeit über gehofft hat. Lediglich der schon recht wacklige Frederic March als schrulliger Bürgermeister und Don Stroud als Ex-Hilfssheriff und Unruhestifter haben einige gelungene Auftritte in diesem »Schrei nach Gleichheit«.

Von einem ganz anderen Kaliber war da *The Klansman* (Verflucht sind sie alle, 1974) von Terence Young, an dessen Drehbuch Sam Fuller mitgeschrieben hat. In diesem Film spielt Richard Burton einen phlegmatischen Südstaaten-Landbesitzer, einen frühen Aussteiger, nur interessiert an seinen sexuellen Eskapaden, und Lee Marvin spielt einen Sheriff, einen harten, aber scheinbar gerechten und unbestechlichen Mann. Zündstoff gibt es, als zwei Schwarze ein paar harm-

lose Steinwürfe auf vorbeifahrende Autos, besetzt mit Rednecks, rassistischen, inzuchtgeschädigten, latent mordlusti-
gen Weißen, verüben. Die Rednecks halten unversehens an,
machen Jagd auf die Schwarzen und fangen sich einen. Der
Mann wird verprügelt, kastriert und dann gemeinschaftlich
erschossen. Sein Freund, der Zeuge dieser Tat wird, schwört
Rache und entfesselt einen Kleinkrieg gegen die kleine Land-
gemeinde, in den nach und nach jeder hineingezogen wird.
Der Film beinhaltet eine ungewöhnlich widerwärtige Verge-
waltigungsszene mit dem Hilfssheriff (!) als Hauptübeltäter,
aber die Reaktion des Sheriffs ist beinahe noch übler, denn er
macht seine Hilfeleistung (und damit Lebensrettung) von der
Zusage des schwarzen Opfers abhängig, später keine Aussage zu machen und die Täter nicht vor Gericht zu bringen.
Marvin verhält sich wie Sheriff Gillespie in *In the Heat of the
Night,* wenn dieser nicht gerade von Tibbs gezügelt wird, und
genau das macht seine sinistre Präsenz und Glaubwürdigkeit
aus. So ist es auch keine sonderliche Überraschung, daß sich
Marvin als Mitglied des Ku-Klux-Klan erweist, und seine he-
roische Kehrtwendung am Ende des Films ist weniger verän-
derten Idealen zuzuschreiben, sondern mehr dem Drängen
seines Sohnes, der dieses miese Doppelspiel satt hat und von
seinem Vater eine Anti-Ku-Klux-Klan-Stellungnahme erwartet.
The Klansman ist ein weitgehend billig und rauh gemachter
Film, und man merkt deutlich, daß der überwiegende Teil der
Produktionskosten für das Honorar von Burton und Marvin
draufgegangen ist, aber der Film vermittelt eine überzeugende Atmosphäre der Bedrohung und Gewalt, und er scheut
sich nicht zu zeigen, daß Interessen und Vorurteile das Verhalten der Menschen bestimmen, und nicht irgendein obskurer
good will, der zum zwanghaften Happy-End führt.
Etwas weiter in den Süden führt uns *The Chase* (Ein Mann
wird gejagt, 1965) von Arthur Penn, mit Marlon Brando als
Sheriff einer texanischen Kleinstadt. Zwar würde sich Penn
vermutlich dagegen wehren, *The Chase* als Polizeifilm einge-
stuft zu sehen, hatte er diversen Interviews zufolge doch ganz
andere Ambitionen. Penn wollte das ländliche Texas als Toll-

haus zeigen, als den Bodensatz, auf dem Politikermorde wie der an John F. Kennedy, auf den in einer Szene ganz klar verwiesen wird, entstehen können; wo es jeder mit jedem treibt und die zu kurz gekommenen Unterschichtler Brutalitäten bis hin zur Lynchjustiz als legalen Zeitvertreib ansehen. Und so hat der Film nicht viel mehr zu bieten als das bösartig verzerrte Porträt eines aus den Fugen geratenen Gemeinwesens. Umgeben von Abschaum ist Brando als Sheriff Calder der vermutlich anständigste Polizist der Filmgeschichte. Und als ein stadtbekannter Taugenichts (Robert Redford) aus dem Gefängnis ausbricht und für Aufruhr sorgt, soll Calder es plötzlich jedermann recht machen. Dabei bezieht er fürchterliche Prügel, schafft es nicht, den Flüchtigen vor einem Mord-

›The Klansman‹ – Überzeugende Atmosphäre von Bedrohung und Gewalt

anschlag zu beschützen, und kehrt der Stadt am Ende resigniert den Rücken, geschlagen zwar, aber nicht besiegt.
Und genau das ist die zentrale Schwäche des Films: Calder gerät zu einem Heiligen inmitten von Sündern. Anstatt ihn integriert in das Sozialgefüge der Stadt zu zeigen, als Abhängigen unter Abhängigen, wird er wie seinerzeit Gary Cooper in

›The Chase‹ – Marlon Brando als heiliger Sheriff unter texanischen Sündern

›The Chase‹ – Marlon Brando und Robert Redford

High Noon (Zwölf Uhr mittags, 1953) hervorgehoben und als unverrückbarer Fels der Ehrbarkeit präsentiert. Immerhin werden Polizisten wie Calder nicht von irgendeiner neutralen Behörde ernannt oder haben gar Beamtenstatus, sondern werden nur für eine relativ kurze Zeitperiode gewählt, brauchen Mehrheiten und Unterstützung. Für Eigenmächtigkeiten bleibt da wenig Spielraum, und wenn Calder sich einmal beklagt, jeder wolle ihn kaufen, dann ist das nur eine realistische Umschreibung amerikanischen Polizistendaseins auf lokaler Ebene, soweit diese gewählt werden. Dennoch ist *The Case* ein durchaus spannender Film, hat man sich erst einmal in den verschiedenen Personenkonstellationen und -koalitionen zurechtgefunden.

Gregory Peck spielt in *I Walk the Line* (Der Sheriff, 1970) von John Frankenheimer ebenfalls einen Sheriff in einer Südstaaten-Gemeinde, mit ähnlich schlechtem Ausgang. Peck, obwohl verheiratet, verliebt sich in die Tochter (Tuesday Weld) eines Schwarzbrenners und versucht, die Familie des Mädchens zu decken, als ein Regierungsbeamter auftaucht und lästig zu werden verspricht. Pecks schleimiger Hilfssheriff (Charles Durning) aber kommt dem Geheimnis seines Chefs auf die Spur und macht dem Mädchen ebenfalls einen, wenn auch etwas gewalttätigen Antrag, indem er zur Einleitung den Hund der Familie über den Haufen schießt. Doch der Vater (Ralph Meeker) und die Brüder des Mädchens sind rechtzeitig zur Stelle, und der Hilfssheriff bezahlt seinen erotischen Alleingang mit seinem Leben. Und wieder hilft Peck, den Fall zu vertuschen. Er schickt die Schwarzbrenner weg und versenkt den Leichnam des Hilfssheriffs, mit einer massiven Kette beschwert, in einem Stausee. Sein Plan, danach mit dem Mädchen wegzugehen, Amt, Ehefrau und bürgerliche Existenz aufzugeben, läuft dagegen schief. Tuesday Weld entscheidet sich letztendlich für ihre Familie (sie ist im übrigen auch verheiratet, der Gatte sitzt jedoch im Gefängnis) und gegen die Avancen des Sheriffs. Nach einer wilden Verfolgungsfahrt holt Peck den Lastwagen der Schwarzbrenner ein, schießt dem Vater ins Bein und bekommt von dem Mädchen einen Fleischerhaken in die Brust geschlagen. Schwer, wenn nicht tödlich verletzt, muß er zusehen, wie der Wagen mit seiner Geliebten weiterfährt.

Doch so aufregend, wie sich diese Beschreibung vielleicht lesen mag, ist der Film leider nicht. Peck, ohnehin ein etwas honoriger, um nicht zu sagen fader Schauspieler, bleibt bei diesem Stoff, der von Tennessee Williams stammen könnte, ungewöhnlich steif und emotionslos. Tuesday Weld schaut nur verzückt, und so retten allein Durning und Meeker manche Szene. Erst in letzter Minute, als Peck zum ersten Mal ausrastet, den Schwarzbrennern hinterherjagt und aufs Ganze geht, bekommt der Film den Drive, den er schon lange vorher nötig gehabt hätte.

The Border (Grenzpatrouille, 1980) von Tony Richardson

nimmt das Thema von *Border Incident* wieder auf, mit Jack Nicholson als grundsätzlich integrem Grenzschützer, der seine Arbeit um so mehr verabscheut, als er sieht, wie etliche seiner Kollegen nebenbei als moderne Sklavenhändler fungieren, indem sie einen Teil der illegalen Einwanderer an amerikanische Geschäftsleute weitervermitteln. Nicholson kann sich diesen Gepflogenheiten zwar nicht ganz entziehen, doch als er einer jungen Mexikanerin (Elpidia Carrillo) auf der Suche nach ihrem geraubten Baby beisteht, bleibt ihm nichts anderes übrig, als gegen die eigenen Leute vorzugehen. Nicholson ist sehr überzeugend in der Rolle eines Mannes, der genau weiß, daß er bis zum Hals in einem Sumpf aus Korruption und Habgier steckt, und der wenigstens einmal etwas Anständiges tun möchte.

Electra Glide in Blue (Harley Davidson 344, 1973) von James William Guercio stellt eine Rarität im amerikanischen Poli-

›Electra Glide in Blue‹ – Robert Blake

zeifilm vor, einen Streifenpolizisten auf einer Harley Davidson. John Wintergreen (Robert Blake) fährt auf den einsamen Highways von Arizona Streife, stellt Strafzettel für
Rennfahrer oder überladene Lkws aus und träumt davon,
einen Anzug zu tragen, in einem Wagen zu fahren, als Detective der Mordkommission tätig zu sein, kurz gesagt, fürs Den-
ken bezahlt zu werden. Sein Partner Zipper (Billy »Green«
Bush) dagegen hat keine Ambitionen diesbezüglich, sondern
macht sich eher einen Spaß daraus, Hippies zu schikanieren,
falls er nicht gerade irgendwo abseits faul in der Sonne liegt
und Comic-Strips liest. Die Chance für Wintergreen kommt,
als er in einer abseits gelegenen Hütte einen alten Mann auf-
findet, mit einer Schrotflinte in die Brust geschossen, augenscheinlich Selbstmord. Wintergreen stört sich an der etwas ungewöhnlichen Vorgehensweise des vermeintlichen Selbstmör-
ders. Er fragt sich, wieso sich der Alte statt in den Mund in die
Brust geschossen hat und damit Gefahr gelaufen ist, nicht
gleich ins Schwarze zu treffen, möglicherweise stundenlang
elend zu verbluten. Also zwingt er den Gerichtsmediziner mit
Unterstützung des Chefs der Mordkommission Harve Pool
(Mitchell Ryan), eine Autopsie durchzuführen, und tatsächlich finden sich unter den Schrotkugeln ein paar andere Ge-
schosse (aus einer Pistole). Pool ist beeindruckt und ernennt
Wintergreen daraufhin zu seinem Fahrer und persönlichen
Assistenten. Gemeinsam machen sie sich auf die Suche nach
den Mördern des alten Mannes und geraten dabei in einer
Landkommune an eine Bande Rocker (und Drogendealer).
Trotz der rüden Methoden von Wintergreens Vorgesetztem
kommen sie nicht voran, und als die Geliebte Pools im Suff
gesteht, es auch mit Wintergreen zu treiben, sitzt Wintergreen
flugs wieder auf seiner Maschine, ist der Traum von einer Karriere als Kriminalbeamter vorbei. Dafür erwischen Wintergreen und Zipper nach einer fulminanten Verfolgungsjagd ein
paar weitere der verdächtigen Rocker, doch es stellt sich heraus, daß die Motorradgangster mit dem alten Mann zwar Umgang hatten, aber durchaus freundschaftlichen, für den Mord
also scheinbar nicht in Frage kommen. Dieser Umstand
bringt Wintergreen dann auf die richtige Fährte. Er findet

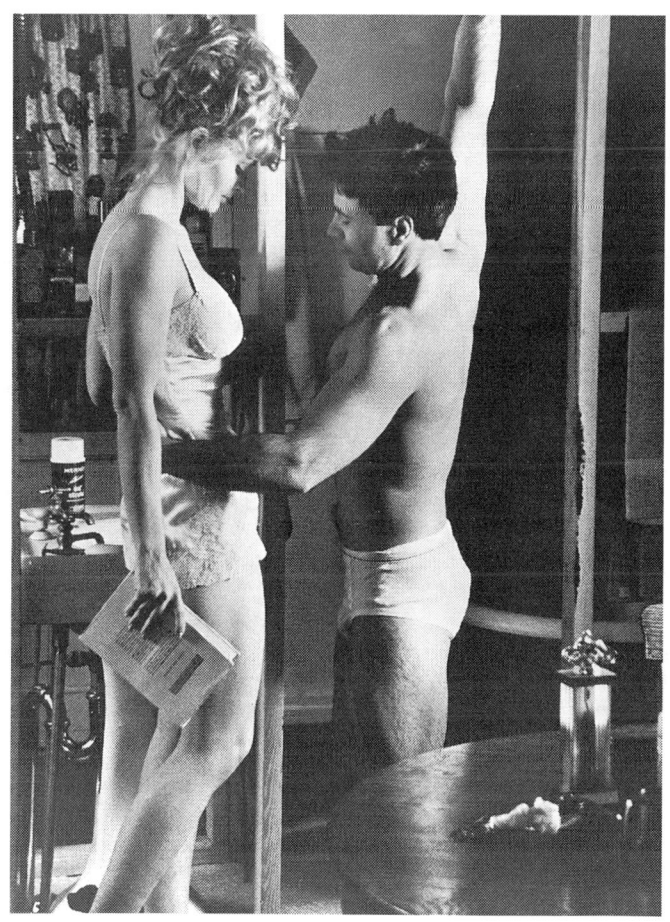

*›Electra Glide in Blue‹ – Sein Verhältnis mit der Geliebten seines Vorgesetz-
ten (Jeannine Riley) wird für John Wintergreen (Robert Blake) zum Verhängnis*

über das Motiv den Täter, einen alten, schon ziemlich wirren
Freund des Toten (Elisha Cook jr.), der in einem Altenheim
dahinvegetiert und sich mit dem Mord dafür rächte, daß der
andere mit jungen Leuten verkehrte und ihn vergessen hatte.

›Electra Glide in Blue‹ – Der Cop und seine Harley

Wintergreen präsentiert Pool den Täter, beschimpft seinen
ehemaligen Chef bei dieser Gelegenheit gehörig als Versager
und Wichtigtuer und geht dann zurück zu seiner Harley Davidson. Zwischenzeitlich hat sich Zipper, der bei der Verfolgung der Rocker durchgedreht hat und nun seine Entlassung
befürchtet, eine neue Maschine gekauft, und zwar mit Geld,
das er aus der Hütte des Toten gestohlen hat. Wintergreen
stellt seinen Partner zur Rede, die beiden geraten in Streit,
Zipper zieht seinen Revolver und eröffnet das Feuer auf Wintergreen, bedroht in der Nähe spielende Kinder. Wintergreen
schießt in Notwehr zurück, tötet Zipper. Wieder auf Streife,
allein in der Wüste, kontrolliert er die Hippie-Insassen eines
VW-Busses. Die Überprüfung ergibt nichts Negatives für die

Hippies, doch er behält versehentlich einen Führerschein zurück. So schwingt er sich wieder auf seine Harley Davidson und folgt dem Bus, dessen Rückfenster plötzlich runtergekurbelt wird. Der Lauf einer Schrotflinte erscheint, und Wintergreen erkennt, daß er tot ist. Es knallt, und Wintergreen hebt ab von seiner Maschine, fliegt auf den Asphalt und bleibt in einer endlos langen Einstellung auf dem Highway sitzen, nach vorne gesunken, eine winzig anmutende Gestalt inmitten der gewaltigen Kulisse des Monument Valley.

Für einen Erstlingsfilm war *Electra Glide in Blue* eine ungewöhnlich beeindruckende Arbeit, auch wenn die Spannungsbögen nicht so fein gezogen waren wie in anderen Streifen und der Film nicht die durchgängige Rasanz und Energie eines *Bullitt* (Bullitt, 1968) oder *Dirty Harry* hatte. Robert

Der gute und erfolgreiche Polizist – Steve McQueen (l.) in ›Bullitt‹

Action-Maßstäbe – Steve McQueen in ›Bullitt‹

Blake ist wunderbar als der etwas klein geratene Streifenpoli-
zist, der es gut meint und das Bild »Bullenschwein« kräftig
korrigierte. *Easy Rider* verkehrt rum, könnte man behaup-
ten.
Die definitive Verkörperung des guten (und erfolgreichen)
Polizisten, unberührt von den Zeitumständen, war natürlich
Steve McQueen als Detective Bullitt in Peter Yates' *Bullitt*
(Bullitt, 1968). Der Film beginnt mit einem Routineauftrag:

50

Bullitt soll auf Anweisung eines ehrgeizigen Senators (Robert Vaughn), der sich mit Verbrechensbekämpfung profilieren möchte, einen Überläufer aus dem Syndikat beschützen. Als der angebliche Zeuge dann aber unter etwas merkwürdigen Umständen ermordet wird, hält Bullitt das geheim, um so die Täter erneut auf den Plan zu rufen. Dabei gerät er an einen abtrünnigen Gangster, der einen Doppelgänger in den Tod geschickt hat, um selbst (auf Dauer) ungeschoren davonzukommen.

Bullitt, das ist natürlich die etwa elfminütige Autoverfolgungsjagd über die Hügel von San Francisco, ein Intermezzo, das Maßstäbe setzte, an denen kaum einer der nachfolgenden Polizeifilme vorbeikonnte. Streifen wie *French Connection* (French Connection, 1974), *The Seven-Ups* (Die Seven-Ups, 1973) und *Freebie and the Bean* (Die Superschnüffler, 1974) haben dieses Muster geschickt variiert und aufwendige Automaterialschlachten geradezu zum Kennzeichen moderner Action-Filme erhoben.

3. Die Freunde von Dirty Harry

Wenn heute der Polizeifilm noch immer in dem Ruf steht, rechtslastig zu sein, eine starre Law-and-Order-Haltung zu vertreten, so verdankt er dies einer Entwicklung, die mit *Dirty Harry* ihren Anfang genommen hat:

Der Cop als einsamer Racheengel in einer impotenten, von liberalen Ideen zersetzten Gesellschaft, die es verlernt hat, sich ihrer inneren Feinde zu erwehren. Natürlich war dieses quasi faschistische Potential, der gerechte, unbestechliche Einzelne gegen das korrupte Ganze, in vielen Action-Filmen vor *Dirty Harry* unterschwellig vorhanden, aber erst in *Dirty Harry* brach es ungefiltert und ohne Schuldkomplexe an die Oberfläche durch. Dabei war *Dirty Harry* kein Einzelfall, sondern Teil einer Gruppe von Selbstjustiz-Filmen, die Anfang der siebziger Jahre, nicht zuletzt infolge der Zerstörung amerikanischer Autorität durch den Vietnamkrieg, für Aufsehen und gute Kasse sorgten. War der Krieg auch verloren, die Nation gespalten und in Selbstmitleid und politische Skandale verstrickt, hier waren Rezepte, wie zumindest Niederlagen auf heimischem Boden vermieden werden konnten.

Death Wish (Ein Mann sieht rot, 1974) von Michael Winner etwa zeigt den Architekten Paul Kersey (Charles Bronson), der nach einem mörderischen Überfall auf seine Familie zum Privaträcher wird und Nacht für Nacht losmarschiert, um das Gesindel New Yorks zu erledigen. Gedeckt von der Polizei, verzieht sich Kersey am Ende in eine andere Stadt, wo er seinen Kreuzzug fortsetzen wird (was in diversen Fortsetzungen dann auch geschehen ist).

Death Wish, nach einem Roman von Brian Garfield, ist eine wüste Abrechnungsphantasie, überraschend intelligent und spannend aufbereitet, vielleicht tauglich und sogar erheiternd für mehrfach ausgeraubte Stadtbewohner, doch auch gefährlich, weil brutal einseitig und eindimensional. Die jugendlichen Angreifer scheinen aus dem sozialen Nichts zu kommen und die einzig angemessene Antwort auf die Bedrohungen modernen Stadtlebens, so suggeriert der Film, be-

Faschismus ohne Schuldkomplex – Clint Eastwood als ›Dirty Harry‹

stünde in einem Rückfall ins Faustrecht. Die sozialen Ursachen von Gewalt wie Armut, Unrecht oder politische Gegensätze werden ausgeklammert, so wie Bronson zwar dauernd wegen seiner Brieftasche angegangen wird, aber niemals wegen seines Geschlechts.

Etwas subtiler und verführerischer war da *Taxi Driver* (Taxi Driver, 1976) von Martin Scorsese, Gewinner der Goldenen Palme ’76 in Cannes, geschrieben von Paul Schrader, *dem* Drehbuch-Wunderkind der siebziger Jahre. Im Mittelpunkt von *Taxi Driver* steht Travis Bickle (Robert de Niro), ein von Schlaflosigkeit geplagter Vietnam-Veteran, der nachts in New York Taxi fährt und davon träumt, den Sündenpfuhl um den Times Square auszumerzen. Doch erst nach dem grotesk gescheiterten Versuch, eine normale Beziehung zu einer jungen Frau aufzunehmen, gewinnen die Reinigungsobsessionen des sichtlich gestörten Taxifahrers die Oberhand. Er macht sich körperlich fit, legt sich ein beträchtliches Waffenarsenal zu und peilt dann einen im Wahlkampf stehenden Politiker als mögliche Zielscheibe an. Von den Sicherheitskräften des Politikers als potentieller Attentäter ausgemacht, schafft er es gerade noch, sich rechtzeitig zu verdrücken. Daraufhin nimmt er sich vor, eine Kindprostituierte aus den Klauen ihres Zuhälters zu befreien. Diesmal ist der Gegner weniger wachsam, und Travis Bickle richtet ein Blutbad sondergleichen an und überlebt. Er wird sogar als Volksheld gefeiert, ganz wie der Retter der Prinzessin im Märchen. Im Gegensatz zu *Death Wish* ist *Taxi Driver* allerdings ganz klar als Fallstudie eines Psychopathen erkennbar, von Scorsese brillant umgesetzt in eine Studie der Entfremdung und Ausweglosigkeit urbanen Daseins.

Und nicht zu vergessen *Straw Dogs* (Wer Gewalt sät ..., 1971) von Sam Peckinpah, ein vielfach geschmähter Film um einen etwas naiven Mathematiker (Dustin Hoffman), der in der Konfrontation mit ein paar Totschlägern den Killer in sich entdeckt und die damit verbundenen Freuden.

Doch der zivilisierte Mensch als Bestie, die nur auf ihre Gelegenheit wartet, dazu noch in Gestalt eines unbedarften Intellektuellen, das war eine Interpretation territorialen Verhaltens, die niemandem so richtig schmecken wollte. Und so ging man bald dazu über, die Ausübung von Gewalt in die richtigen Hände zurückzugeben, und welche Figur wäre da mehr in Frage gekommen als der Polizist. So überlebte die Selbstjustiz im Genre des Polizeifilms und bestimmte zugleich die Hauptrichtung.

Was war nun so ungewöhnlich an *Dirty Harry?* Polizisten, die auf eigene Faust und nach eigenen Rechtsvorstellungen operierten, hatte es schon früher gegeben, am auffälligsten wohl in *The Big Heat* (Heißes Eisen, 1955) von Fritz Lang und *Touch of Evil* (Im Zeichen des Bösen, 1959) von Orson Welles. Der neue und wirklich ungeheuerliche Aspekt von *Dirty Harry* war die Unterstellung, daß der eigentliche Verursacher der Misere das Rechtssystem sei, das eine konsequente Verfolgung und Bestrafung der Kriminellen unmöglich mache und das die Schuldigen mehr beschütze als die Unschuldigen. Attackiert wurde ein System, und zwar vehement und mit viel technischem Geschick, das die Polizei zwar beauftrage, Kriminelle einzufangen, diese dann aber aufgrund von obskuren Verfahrensvorschriften und allerlei Gerichtsfirlefanz wieder laufen lasse und so die Polizeibeamten ständig für dumm verkaufe. Und da *Dirty Harry* darüber hinaus ein fil-

Dirty Harrys Ahnherr – ›The Big Heat‹

Kochender Kaffee ins Gesicht – Lee Marvin und Gloria Grahame in ›The Big Heat‹

misches Bravourstück war, von Don Siegel überaus zügig und mit viel Sinn für gewalttätige Zweikämpfe inszeniert, eben »ein von Wand zur Wand reichender Teppich aus Gewalt« (D. Siegel), wurde der Film ein Kassenschlager und konnte von der Kritik und empörten Liberalen nicht einfach als unbedeutendes Schundwerk eines drittklassigen Regisseurs abgetan werden.

Dirty Harrys Vorläufer ist ganz klar *The Big Heat;* ein Film, vor allem in Erinnerung wegen der Szene, in der Lee Marvin als cholerischer Gangster seiner Freundin (Gloria Grahame) kochenden Kaffee ins Gesicht schüttet. Glenn Ford spielt in *The Big Heat* den aufrechten Detective Dave Bannion, der nach dem Selbstmord eines Kollegen entgegen den Anweisungen seiner Vorgesetzten weiter recherchiert. Dabei erfährt er von einem Lebensstil des Toten, der mit dem Gehalt eines einfachen (und ehrlichen) Polizeibeamten nicht vereinbar war, und kommt dem lokalen Gangsterchef Lagana zu nahe. Bannion erhält einige Warnungen, und als er nicht darauf hört, fliegt seine Frau durch eine für ihn bestimmte Auto-

Unerschütterliches Vertrauen in die Selbstreinigungskraft des Systems,
trotz allem – Glenn Ford (l.) in ›The Big Heat‹

bombe in die Luft. Bannion gibt daraufhin seinen Job zurück, nicht jedoch seinen Revolver. Er bringt seine kleine
Tochter in Sicherheit und beginnt einen rückhaltlosen Privatkrieg gegen den Gangsterclan. Doch entgegen aller Erwar-
tung wird Bannion nicht wie die anderen. Er bleibt im
Grunde seines Wesens ein rechtschaffener Mann, die Verwandlung wird nur angedeutet, aber nicht ausgespielt. Und
zum guten Ende bekommt er sogar seinen Posten zurück. *The
Big Heat* hält sich also durchaus im Rahmen; der Film nennt
ein paar Dinge zwar beim Namen – so sitzen Stadträte, Polizeibeamte und ortsbekannte Gangster einträglich am Spiel-
tisch beieinander –, aber das Vertrauen in die Selbstreinigungskraft des Systems ist noch unerschüttert. Unerschrok-
kene Männer wie Bannion sind der Garant dafür.

Touch of Evil ist oberflächlich eine Detektivgeschichte über
einen Mordanschlag, Drogen und Polizeikorruption in einer
kleinen amerikanischen Grenzstadt, aber die Frage nach der
Identität des Mörders bildete für Welles nur den Vorwand, um
einen möglichst bizarren Plot möglichst bizarr in Szene setzen zu können. Welles selbst spielt Hank Quinlan, einen nicht
nur körperlich aufgeblasenen Polizeichef mit einer Reputa-
tion für den richtigen Riecher, der nicht davor zurückschreckt, Beweise zu fälschen, wenn er glaubt, auf der richtigen Spur zu sein. Nach einem Bombenattentat auf einen reichen Geschäftsmann richtet sich sein Augenmerk schnell auf
einen ehemaligen Angestellten des Toten, und er zögert
nicht, dem Verdächtigen Sprengstoff unterzuschieben, um
die Untersuchung zu beschleunigen. Doch Vargas, ein mexi-
kanischer Drogenfahnder (Charlton Heston), ist mit diesen
Methoden nicht einverstanden und droht Quinlan mit Konsequenzen. Daraufhin versucht Quinlan, Vargas und dessen
amerikanische Frau (Janet Leigh) auszuschalten, genauer gesagt, die Frau mit Hilfe der örtlichen Gangsterwelt als Dro-
genabhängige hinzustellen, ja, sie als Mordverdächtige fertigzumachen. Vargas durchschaut das Komplott und bringt
Quinlans zweifelnden Untergebenen Menzies (Joseph Calleia) dazu, die Fronten zu wechseln und seinem Chef eine
Falle zu stellen.

›Touch of Evil‹ – Orson Welles und Marlene Dietrich

Dabei ist *Touch of Evil* weit mehr als eine Polizeigeschichte. Es ist ein ungewöhnlich dicht und spannend erzählter Film, mit einer Atmosphäre totaler Korruption und Bedrohung, ein Film, weit seiner Zeit voraus. Ungewöhnliche Blickwinkel, erfrischend miese Charaktere und erschreckend schäbige Schauplätze, dies alles macht *Touch of Evil* einzigartig und bestimmt zu Welles' bestem Film neben *Citizen Kane* (Citizen Kane, 1941).

Dirty Harry brachte hier eine neue Dimension: Harry Callahan steht allein, sowohl gegen die Gangster (seine jeweiligen Partner scheiden entweder frühzeitig aus dem Polizeidienst aus oder werden liquidiert), wie auch gegen das politische System, das ihn zwar bezahlt, aber nicht unterstützt, nicht einmal moralisch. Umgeben von korrupten Vorgesetzten, feigen Politikern und einer desinteressierten Öffentlichkeit vermittelt er folgerichtig den Eindruck, daß nur der sachgerechte Gebrauch eines 44er Magnum-Revolvers die Welt vor dem Untergang retten könne, nach dem Motto: »Das (vorbeugende) Umlegen von Leuten ist ganz okay, solange es die Richtigen trifft.« Und wer die Richtigen sind, das bestimmt nun allein der Polizist mit seiner Nase für alles Kriminelle und Aussätzige. Und Clint Eastwoods Verkörperung des selbstgerechten, unfehlbaren Cops tat das übrige, um das Unvermeidliche glaubhaft zu machen und die bislang erfolgreichste Polizeifilm-Serie in Gang zu setzen. Hätten Frank Sinatra oder John Wayne die Rolle übernommen – beide waren im Gespräch, haben aber aus unterschiedlichen Gründen darauf verzichtet (Wayne fand das Drehbuch angeblich »zu schmutzig«) –, vielleicht hätte *Dirty Harry* mehr von einem melancholischen Verlierer bekommen, so wie Sinatra in dem Film *The Detective* (Der Detektiv, 1967).

Nach dem Erfolg von *Dirty Harry* hat sich Wayne allerdings doch noch mit dem Genre auseinandergesetzt, wenn auch überraschend gutmütig und eher ironisch. Das lag zum einen an seinem fortgeschrittenen Alter, er war als Action-Held einfach nicht mehr glaubwürdig genug, zum anderen hatte er nicht das Glück wie Eastwood, mit dem richtigen Regisseur zusammenzuarbeiten bzw. war vermutlich nicht mehr bereit, sich den Anweisungen anderer zu fügen. *McQ* (McQ schlägt zu, 1974), inszeniert von dem Routinier John Sturges, ist einfachstes Action-Kino und zeigt Wayne als Opfer eines Drogenkomplotts innerhalb des Polizeiapparates von Seattle. Wayne schlüpft dabei vorübergehend in die Rolle eines Privatdetektivs und klärt die Sache im Alleingang, ganz im Stil seiner Westernhelden. *Brannigan* (Brannigan – ein Mann aus Stahl, 1975) von Douglas Hickox schickt Wayne von Chicago nach London, wo er einen Gangster einfangen soll, der ihm zu Hause entwischt ist. *Brannigan* konzentriert sich angesichts der ziemlich absonderlichen Geschichte klugerweise auf den Gegensatz Wayne – London, was zu einigen amüsanten Verwicklungen führt, wobei Richard Attenborough als unterkühlter Scotland-Yard-Inspektor einen interessanten Gegenpart darstellt.

Clint Eastwood dagegen war nach einer eher bescheidenen Karriere als TV-Cowboy über den Italo-Western zu Starruhm gelangt und konnte sich seine Rollen plötzlich aussuchen. Nach dem Western *Hang 'em High* (Hängt ihn höher, 1967) traf er auf Don Siegel, und damit hatten sich zwei Männer ge-

Ungewöhnliche Blickwinkel – Janet Leigh und Charlton Heston in ›Touch of Evil‹

funden, zwei der rauhesten Gesellen in der imaginären Front-Stadt des amerikanischen Action-Films. Siegel hatte zu diesem Zeitpunkt eine ziemlich wechselhafte Laufbahn als B-Film-Regisseur hinter sich, hatte mit der TV-Produktion *The Killers* (Tod eines Killers, 1964) zwar den modernen Gangsterfilm begründet, aber es fehlte der richtige Wurf, der ihn prominent und damit in die erste Riege befördert hätte. *Madigan* (Nur noch 72 Stunden, 1968) mit Richard Widmark und Henry Fonda war ein bemerkenswerter Vorläufer der Cop-Filmwelle, der allerdings durch Fondas überdrehte Probleme als Commissioner (Verhältnis mit einer verheirateten Frau, ein unter Korruptionsverdacht stehender Untergebener und Freund) etwas geschwächt wird. Aber immer wenn Widmark als Detective Madigan und Harry Guardino als sein loyaler Partner Rocco Bonaro ins Zentrum rücken und ihre verzweifelte Suche nach einem durch Madigans Schuld entkommenen Killer gezeigt wird, bekommt der Film die nötige Aggressivität. Madigan ist ein grundsätzlich ehrlicher Cop, der aber nichts gegen die kleinen Vergnügungen und Vergünstigungen einzuwenden hat, die sein Job mit sich bringt. »Polizistenrabatt«, nennt er das ganz pragmatisch. Denn er macht die Schmutzarbeit, während der Commissioner als oberster Polizeichef Zeit und Muße hat, über eben diese Arbeit zu reflektieren und sie zu bewerten. Madigan dagegen geht nach vorne los, die Eingangssequenz ist ungeheuer furios, ein Tempo, das der Film leider nicht durchhält, und als der Killer eine junge Frau in seine Gewalt gebracht hat, zögert er nicht, sich in das Feuer des Gangsters zu werfen, um die Geisel zu retten.

Bei *Coogan's Bluff* (Coogans großer Bluff, 1968), Siegels erstem Film mit Eastwood, war die Drehbuchvorgeschichte eine der üblichen. Es gab nahezu ein Dutzend Entwürfe von verschiedenen Autoren, aber keiner befriedigte im ganzen, und so nahmen Siegel und sein Star einfach die besten Szenen aus allen Vorlagen und beauftragten Dean Riesner, ein endgültiges Drehbuch zu schreiben. Unter Siegels energiegeladener Regie entstand dann ein zwar bruchstückhafter und teilweise arg unlogischer Film, aber das Thema Mann gegen

Vorläufer der späteren Dirty-Harry-Welle – Richard Widmark und Harry Guardino in ›Madigan‹

Stadt, Hinterwäldler gegen Unterweltmilieu, Einzelgänger gegen Organisation wurde vermutlich nie unterhaltsamer abgehandelt; auf den Punkt gebracht in der Szene, wo sich Coogan in einer Diskothek den Weg bahnt, alle anderen um eine Hutlänge überragend, der letzte Gunfighter im Atomzeitalter, um schließlich in einem Streit mit ein paar Messerhelden kühl die Oberhand zu behalten.

Erzählt wird in *Coogan's Bluff* die Geschichte um den rüden Hilfssheriff Coogan (Eastwood), der nach New York City geschickt wird, um den Totschläger Ringerman (Don Stroud) ins heimatliche Arizona zu überführen. Doch der Häftling erweist sich als nicht transportfähig, liegt nach einer LSD-Ver-

63

Zeit und Muße – Henry Fonda (M.) in ›Madigan‹

giftung im Gefängniskrankenhaus. Coogan stellt sich unge-
duldig auf eine längere Wartezeit ein, sieht sich von Bürokraten und »taktisch vorgehenden« Kollegen umgeben, belä-
chelt und nicht für voll genommen. Er flirtet mit der Bewährungshelferin Julie Roth (Susan Clark) und holt Ringerman
dann mit einem Bluff aus dem Krankenhaus, als es ihm zu
dumm wird. Coogan ist einfache Lösungen gewohnt, und
New York ist ganz offensichtlich nicht sein Pflaster.
Doch Ringerman findet noch Gelegenheit, seine Freundin
Linny (Tisha Sterling) zu kontaktieren, und so wird Coogan
auf dem Weg zum Flughafen von Linny und Ringermans
Kumpanen überfallen, halb totgeschlagen und um Ringerman und seinen Revolver erleichtert. Lt. McElroy (Lee J.
Cobb) bezeichnet Coogan als Vollidioten und untersagt ihm
jede weitere Aktion bezüglich Ringerman, aber das hindert

Coogan nicht daran, das Krankenhaus vorzeitig zu verlassen und sich weiter auf Ringermans Fährte zu halten. Bei einem Besuch bei Julie Roth, der eigentlich einem anderen Zweck gelten sollte, stellt er fest, daß Linny zufällig eine von Julies Probandinnen ist. Coogan stattet dem Mädchen einen Besuch ab, die beiden werden intim, und Linny verspricht Coogan, ihn zu Ringerman zu führen.

Die liberale Bewährungshelferin erliegt dem Charme des Macho-Cowboys – Susan Clark und Clint Eastwood in ›Coogan's Bluff‹

Ringermans angebliches Versteck erweist sich als eine dü-
stere Billard-Halle, und dort wird Coogan, der noch immer
unbewaffnet ist, bereits von Ringermans Bande erwartet und
sofort in eine infernalische Saalschlacht verwickelt. Coogan
entkommt sowohl seinen Angreifern wie auch der anrücken-
den Polizei mit Lt. McElroy, greift sich Linny abermals und
zwingt sie, ihm diesmal die Wahrheit zu sagen. Ringerman hat
sich in einem Kloster versteckt und wird bei dem Versuch, mit
einem Motorrad zu flüchten, von Coogan ebenfalls per Motorrad verfolgt und zu Fall gebracht. Am nächsten Tag fliegen
Coogan und Ringerman zurück nach Arizona, und Coogan
hat etwas dazugelernt: In einer ersten Geste der Menschlich-
keit bietet er seinem Gefangenen eine Zigarette an.

Und genau dieser Abgang ist der wunde Punkt an der Geschichte, denn so ohne weiteres wäre es Coogan nicht möglich gewesen, nach all den Rechtsverletzungen die Stadt einfach wieder zu verlassen. Aber das Thema scheint Siegel und
Eastwood nicht aus dem Kopf gegangen zu sein, denn nach
zwei eher extravaganten Ausflügen in das Westerngenre war
ihr vierter gemeinsamer Film, *Dirty Harry,* eine exakte Be-
handlung der Problematik, der *Coogan's Bluff* aus dem Weg
gegangen ist bzw. die er mit Gewalt und Action überspielt
hat. *Dirty Harry* stellte die Frage: Was darf sich ein Cop bei
der Verfolgung eines Straftäters alles leisten, wo sind die
Grenzen polizeilicher Ermittlungsmethoden in einer demokratischen, rechtsstaatlichen Gesellschaft gesetzt?

Dirty Harry spielt in San Francisco, und Harry Callahan hat
den zweideutigen Ruf, mit besonders schmutzigen Fällen fertig zu werden. Und als ein Killer (Andrew Robinson), der
sich Scorpio nennt, die Stadt terrorisiert und scheinbar wahllos Leute tötet, um von der Stadtverwaltung Geld zu erpres-
sen, wird Callahan die Sache übertragen.

Callahan ist nicht besonders angetan von dem Job. Hat er
sich schon darüber geärgert, einen neuen, unerfahrenen Partner zugeteilt bekommen zu haben, ist er erst recht aufge-
bracht über die Entscheidung, den Killer zufriedenstellen zu
müssen, nachdem es nicht gelungen ist, eine wirksame Falle
aufzubauen. Aber seine Vorgesetzten und der Bürgermeister

›Coogan's Bluff‹ – Clint Eastwood spielt auf seine Weise Billard

sind anderer Ansicht, und so erhält Callahan den Auftrag,
Scorpio, der mittlerweile ein vierzehnjähriges Mädchen ge-
kidnappt und lebendig begraben hat, das Lösegeld zu über-
bringen. Wie nicht anders zu erwarten, wird Callahan von
dem Killer durch die halbe Stadt gehetzt, doch sein Partner
Chico (Reni Santoni) bleibt dran, und als es spätnachts in

Das Stadt-Land-Gefälle sorgt für Ärger – Clint Eastwood und Lee J. Cobb in ›Coogan's Bluff‹

einem Park zum Kampf kommt, rettet Chico Callahan das Leben. Callahan jagt Scorpio noch ein Messer ins Bein, bevor dieser wieder zu flüchten vermag. Doch nun hat Callahan eine konkrete Spur, und er verfolgt den Killer weiter bis hin zu dessen Unterkunft in den Versorgungsräumen eines riesigen Football-Stadions. Er überwältigt den Mann und foltert ihn dann gnadenlos, indem er mit seinem Schuhabsatz in der offenen Verletzung Scorpios herumdrückt. Der Killer gesteht daraufhin, wo er das Mädchen vergraben hat. Aber die Polizei kommt zu spät, das Mädchen ist bereits erstickt, und Callahan steckt plötzlich in massiven Schwierigkeiten. Aber nicht, weil er letztlich versagt hat, sondern weil er den verletzten Mörder gequält und seiner Rechte beraubt hat, um eine Aussage zu bekommen. Des weiteren hatte er keine richterliche Erlaubnis, die Wohnräume Scorpios zu durchsuchen, und aufgrund dieser Umstände wird der psychopathische Gangster wieder entlassen, da das illegal gegen ihn erbrachte Beweismittel vor Gericht nicht anerkannt wird. Doch Callahan ahnt: es ist nur eine Frage der Zeit, bis Scorpio wieder auf den Todes-Trip kommt und da weitermacht, wo er von der Polizei unterbrochen wurde. So macht sich Callahan privat daran, den Killer zu beschatten, bleibt aber nicht unbemerkt dabei. Und Scorpio versucht mit einer geradezu infamen Methode, Callahan abzuschütteln. Er beauftragt einen Schläger, sich seiner anzunehmen, und beschuldigt dann Callahan sogar

›Dirty Harry‹ – Harry Callahan in einem seiner seltenen friedlichen Momente

über das Fernsehen, die Verletzungen verursacht zu haben. Callahan aber macht unbeirrt weiter. Und tatsächlich dauert es nicht lange, bis der Killer einen Schulbus voller Kinder überfällt, wiederum Lösegeld verlangt, dazu ein Flugzeug, das ihn außer Landes bringen soll. Wieder wollen die Behörden einlenken und auf die Forderungen Scorpios eingehen, aber diesmal greift Callahan durch, endgültig. Als der Bus auf der Fahrt zum Flughafen an eine Unterführung kommt, springt Callahan auf das Dach und beginnt ein tödliches Katz-und-Maus-Spiel mit dem Killer, der mehrmals durch das Dach feuert, bis der Bus von der Fahrbahn abkommt und stehenbleibt. Scorpio flüchtet, von Callahan verfolgt, bis hin zum Gelände einer Fabrik, wo es dann zum Showdown kommt. Scorpio hält einem zufällig eingefangenen Jungen die Pistole an den Kopf und verlangt von Callahan, die Waffe wegzuwerfen. Callahan tut erst so, als wolle er darauf eingehen, legt dann aber plötzlich an und feuert, verletzt den anderen ernsthaft, aber nicht tödlich. Der Junge bleibt unbeschädigt. Callahan gibt dem Killer noch eine Chance. Er sagt, Scorpio habe die Wahl zwischen Leben und Tod, da er nicht genau wisse, ob er alle Kugeln seines Revolvers verschossen habe oder nicht. Der Killer zögert kurz und greift dann nach seiner Waffe. Callahan erschießt ihn, und wirft nachher angewidert seine Polizeimarke weg. Er will für ein Rechtssystem, das den Verbrechern alle Freiheiten läßt, nicht länger den Kopf hinhalten.

Was *Dirty Harry* über diese Geschichte hinaus bemerkenswert machte und was ich einmal als das Dirty-Harry-Syndrom bezeichnen möchte, ist eine zweite Ebene, die Callahan ständig in Zwischenfälle verwickelt, die mit der Jagd auf Scorpio eigentlich nichts zu tun haben. So stoppt er zwischendurch eigenhändig eine ganze Bankräuberbande, holt einen Selbstmordkandidaten aus der Gefahrenlinie, schlägt ein paar Tagediebe in die Flucht: die Stadt als Dschungel des Bösen, mit Gefahren an allen Ecken und Enden.

Dirty Harry war einer der erfolgreichsten Filme des Jahres 1971, trotz aller Kontroversen, und so dauerte es nicht lange, bis die übliche Fortsetzung erschien. Doch leider hatte schon der zweite Fall, *Magnum Force* (Callahan, 1973) von Ted Post, mit dem Original kaum mehr etwas gemeinsam, und wäre nicht Ted Posts halbwegs kompetente Regiearbeit gewesen, der Film wäre ein ziemlicher Reinfall geworden. Erzählt wird in *Magnum Force,* nach einem Drehbuch von John Milius und Michael Cimino, zwei der unseligsten Figuren Hollywoods, die Geschichte einiger frustrierter Streifenpolizisten, die vor Gericht freigesprochene Verbrecher oder andere, legal nicht faßbare Unterwelttypen töten, quasi als Henker in Uniform auftreten, kleine Dirty Harrys allesamt. Aber da die Produzenten (d. i. auch Eastwood) ihren Protagonisten und Geldbringer in ein besseres Licht rücken wollten, steht Callahan plötzlich auf der anderen Seite, erklärt er sich unvermutet bereit, dem ungeliebten System zu dienen, solange kein anderes zur Hand ist. Die Killer-Polizisten würden ihn zwar liebend gern in ihren Reihen sehen, zögern aber nicht, sich gegen ihn zu wenden, nachdem sie erkannt haben, daß mit Callahan keine Übereinkunft diesbezüglich zu erreichen ist. Natürlich schafft es Callahan, die Todesschwadron mitsamt ihrem Anführer zu eliminieren, wenn auch, wie üblich, um den Preis des eigenen Partners. *Magnum Force* ist ohne viel Feinheiten inszeniert, hält aber die Spannung weitgehend durch, was vom dritten Film, *The Enforcer* (Der Unerbittliche, 1976), nicht mehr behauptet werden kann. *The Enforcer,* gedreht von dem Eastwood-Protegé James Fargo, ist eine ziemlich wirre Melange aus allen möglichen Action-Klischees, die mit einer einzigen Neuigkeit aufwartet: Callahans Partner ist diesmal eine Frau (Tyne Daly), die auch für die einzigen Momente der Anteilnahme an der einfallslosen Geschichte sorgt. In *The Enforcer* geht es um ein paar sich schrecklich brutal gebende Terroristen, die als Auftakt ein Waffendepot überfallen, wobei ein Kollege und Freund Callahans draufgeht. Nach etlichen weiteren Anschlägen bringen die Gangster den Bürgermeister von San Francisco in ihre Gewalt und entführen ihn auf die Gefängnisinsel Alcatraz. Dort werden sie von Callahan mit Hilfe eines schwarzen Radikalenführers ausgemacht und abgeschossen. Den absoluten Tiefpunkt markierte allerdings der vierte Film, *Sudden*

Impact (Dirty Harry kommt zurück, 1984), der Callahan aus San Francisco in den kleinen Küstenort San Paulo führt, wo ständig männliche Leichen auftauchen, erschossen und im Genitalbereich verstümmelt. Der Täter entpuppt sich als eine junge Frau (Sondra Locke), die sich auf diese Weise für eine Vergewaltigung rächt, und Callahan läßt sie nicht nur gewähren, sondern unterstützt sie auch noch bei ihrem mörderischen Treiben. Dabei ist Eastwood, der bei diesem Streifen auch erstmals Regie bei einem *Dirty Harry*-Film führte, absolut nichts eingefallen, um die lahme Story um eine »Dirty Harriet« (Pauline Kael) auf Fahrt zu bringen. Fazit: ein ungewöhnlich ekliger Film, schleppend, blöde, infantil. Auf gleichem Niveau befand sich der bislang letzte Film der Reihe, *The Dead Pool* (Das Todesspiel, 1988) von Buddy van Horn, so daß Eastwood gut daran täte, Dirty Harry endlich in Pension zu schicken. Denn wenn Filme wie *The Dead Pool* (angeblich) der Preis dafür sind, Filme wie *Bird* (1988) drehen zu dürfen, dann überschätzt Eastwood seine Bedeutung als Filmemacher doch erheblich.

Unvergleichlich besser war da *The Gauntlet* (Der Mann, der niemals aufgibt, 1978), ebenfalls von Eastwood inszeniert, ein Film, der ihn als ungewöhnlich begabten Action-Regisseur auswies, zudem mit viel Sinn für Ironie und Humor. In *The Gauntlet* spielt Eastwood den etwas einfältigen Polizeibeamten Ben Shockley, der den Gerichtszeugen Gus Mally von Las Vegas ins heimatliche Phoenix überführen soll. Mally stellt sich als eine Prostituierte mit Hochschulbildung heraus, Shockley intellektuell haushoch überlegen, und der Ober-Bösewicht ist Shockleys Auftraggeber Blakelock, der Polizeichef von Phoenix, der alles daransetzt, die beiden nicht ans Ziel kommen zu lassen. So schlagen sich Shockley und Mally mit anderen Polizeibeamten herum, flüchten vor einem Helikopter mit einem Scharfschützen an Bord, halten eine ganze Rockerbande in Schach. Letztere allerdings nur vorübergehend, bis Shockley seine Abreibung von den Motorradgangstern erhält, die Frau aber das Schlimmste verhütet. Nachdem sie Blakelocks Absicht endlich durchschaut haben, kapern die beiden einen Greyhound-Bus, rüsten ihn einigerma-

›The Gauntlet‹ – Der Spießrutenlauf beginnt

ßen kugelsicher um, und fahren dann direkt auf Blakelocks
Falle zu, einen Kordon von Polizeibeamten, der wie verrückt
auf den Bus feuert. Aber Shockley und Mally überstehen
auch das, dringen zu Blakelock durch, und dann verweigern
die anderen Beamten Blakelock den Gehorsam, beeindruckt
von Shockleys Mut und Durchhaltevermögen.
Eastwood und Locke sind so ziemlich das seltsamste »ungleiche Paar«, und der Film ist meistenfalls höchst amüsanter
Unfug. Das schwache Drehbuch wird durch technischen Aufwand und sowohl aufregend wie originell inszenierte Action-
Sequenzen kompensiert. Eastwood geht entschieden gegen
sein Dirty-Harry-Image an, was ihm nicht hoch genug ange-
rechnet werden kann, denn die Figur des alkoholabhängigen,
ziemlich tumben Verlierers steht ihm ausgezeichnet, und ein
Polizeibeamter, der sich ständig auf der Flucht befindet, statt

den starken Mann zu spielen, ist in jedem Fall eine Bereiche-
rung des ohnehin recht engmaschigen Genres.

Weniger Gutes läßt sich dagegen von Eastwoods nächstem
Nicht-Dirty-Harry-Film behaupten, *Tightrope* (Der Wolf
hetzt die Meute, 1985) von Richard Tuggle, der auch das
Drehbuch verfaßte. *Tightrope* spielt in New Orleans, was immerhin eine Abwechslung zu den Metropolen New York oder
L. A. ist, aber die Geschichte um eine Mordserie im Prostitu-
ierten-Milieu, die Eastwood als Detective Wes Block aufklären soll, wobei ihm seine eigenen Neigungen und Obsessio-
nen im Weg stehen, ist eigentlich nicht der Rede wert. Zu vie-
les wird nur angetippt, bleibt in Behauptungen stecken, wird
zugunsten oberflächlicher Effekte verschenkt. Blocks Ange-
wohnheit, mit gefesselten Prostituierten Geschlechtsverkehr
auszuüben, bringt ihn zwar zeitweise in den Verdacht, selbst
der Mörder zu sein, aber natürlich ist er es nicht. Und da wir
den wirklichen Killer nie richtig zu Gesicht bekommen, der
Mann keine Identität, keinen Charakter aufbauen kann, im
Gegensatz zu Scorpio etwa, bleibt er uns ziemlich gleichgül-
tig. Und Block benimmt sich zudem für einen vorgeblich erfahrenen und harten Detective ziemlich dämlich, scheint er
doch nicht zu bemerken, daß der Killer mit Vorliebe diejeni-
gen Frauen als Opfer aufsucht, mit denen er unmittelbar vorher noch (sexuellen) Kontakt hatte. Insgesamt ein recht öder
Film, schade nur um das Thema.

Auch *City Heat* (City Heat – Der Bulle und der Schnüffler,
1985) von Richard Benjamin, in dem er als Partner von Burt
Reynolds auftritt, ist billigste Action-Ware, unentschieden
zwischen müden Witzen und knalligen Schießereien hin und
her pendelnd. Der Film spielt im Kansas City der dreißiger
Jahre, und Eastwood verkörpert einen Detective, der zusammen mit Reynolds, der sich als Privatdetektiv durchschlägt,
einen Bandenkrieg stoppen soll.

Doch während *Dirty Harry* und Nachfolger trotz aller Ein-
schränkungen und Widersprüche den letztlich gerechten wie
auch siegreichen Polizisten präsentieren, ging William Friedkin mit *French Connection* einen entscheidenden Schritt weiter. In *French Connection* hat das Verbrechen bereits weitge-

hend gesiegt, ist die Polizei im Grund nur noch da, um die Gangster gelegentlich an die Ungesetzlichkeit ihres Treibens zu erinnern. Die Unterweltler von ihren bösen Taten abzuhalten oder gar einzufangen, gelingt der Polizei nur in den seltensten Fällen, und wenn, dann bekommt sie die letzten Glieder zu fassen, die Dümmsten und Schwächsten. Erst wenn die Polizisten auf die herkömmlichen, d. h. legalen Mittel verzichten, wenn sie alle Regeln über den Haufen werfen und die Methoden ihrer Gegner anwenden, also auf Mord, Folter, Verstellung und Heimtücke zurückgreifen, kann ihnen ein wirklicher Erfolg gelingen.

French Connection, nach einem Tatsachenbericht von Eddie Egan, einem wirklichen Polizisten und späteren Schauspieler

Versuch an einem Gegen-Harry – Clint Eastwood und Sondra Locke in ›The Gauntlet‹

gedreht, schildert die Bemühungen von Jimmy »Popeye« Doyle, hervorragend gespielt von Gene Hackman, sich als kleiner Fahnder in den Niederungen des Drogendschungels von New York zu behaupten. Es ist ein mühsamer und meist vergeblicher Kampf, der Popeye und seinem Partner Buddy Rosso (Roy Scheider) viel physische Einsatzbereitschaft abverlangt. Doch eines Tages scheint sich alles zu ändern, wird aus dem alltäglichen Routinekram eine internationale Affäre. Popeye erhält von einem Riesendeal Wind und klebt sich an die Fersen des französischen Top-Dealers Alain Char-

›French Connection‹ – Verzicht auf die legalen Mittel

Im Zweifelsfalle dem Charakter folgend – Gene Hackman als Popeye Doyle in ›French Connection‹

nier (Fernando Rey), der sich in der Stadt aufhält, um die Abwicklung des Geschäfts persönlich zu überwachen. Als er dem Franzosen dabei zu nahe kommt, setzt dieser seinen Leibwächter und Gelegenheitskiller (Marcel Bozzuffi) auf ihn an. Doch der Mann verfehlt Popeye und wird bei dem Versuch, sich mit der Hochbahn abzusetzen, von Popeye nach einer wilden Verfolgungsjagd eingeholt und erschossen. Zwar können Popeye und seine Kollegen die Lieferung kassieren, aber Charnier entkommt, und Popeye tötet am Ende sogar versehentlich einen FBI-Beamten.
Popeye ist bestimmt kein Polizist, den wir uns wünschen, der vorzeigbar wäre in einer demokratischen, rechtsstaatlichen Gesellschaft; wenn wir ihn trotzdem mögen und respektie-

ren, dann deswegen, weil er so handelt, wie er es für richtig hält, weil er im Zweifelsfall seinem Charakter folgt und nicht irgendwelchen Anweisungen oder Verordnungen. Schuld an Popeyes Umtrieben sind Politiker und gesellschaftliche Zustände, die Männer wie Popeye zum Polizeidienst zulassen, die Männer wie ihn nötig haben. Harte, furchtlose Kerle, die den Dreck beseitigen sollen, den andere in die Welt gesetzt haben, und das möglichst unauffällig, rasch und billig. So ist das Kernstück des Films, Popeyes Verfolgungsjagd auf den französischen Killer, rational nicht zu rechtfertigen, bringt Popeye doch reihenweise andere Verkehrsteilnehmer in Lebensgefahr und animiert den Killer zudem, unter den Passagieren der Hochbahn ein Gemetzel anzurichten. Aber wir akzeptieren die Fahrt, weil sie Popeyes Berufsethos entspricht und deshalb nicht aufgesetzt wirkt, trotz aller Sensationen.

Ironischerweise wurde beinahe gleichzeitig der Pusher, der Drogenhändler, als Protagonist entdeckt, und ironischerweise war es ausgerechnet Gene Hackman, der als herzkranker und deswegen zu krummen Geschäften bereiter Polizist in B. L. Nortons kleinem Meisterwerk *Cisco Pike* (1971) einen erfolglosen Musiker (Kris Kristofferson) zwingt, eine Ladung Marihuana loszuschlagen.

1975 dann entstand *French Connection II,* inszeniert von John Frankenheimer. Dieser Streifen zeigt Popeye in Marseille/Frankreich, wohin er geschickt wurde, um die französische Polizei bei der Fahndung nach Alain Charnier zu unterstützen, wobei er eventuell als Lockvogel dienen soll, was er allerdings nicht ahnt. Popeye erweist sich als Hemmschuh erster Klasse für die lokalen Behörden, da er die örtlichen Gepflogenheiten und Strukturen nicht kennt (so verschuldet er durch übereifriges Verhalten bei einer Razzia den Tod eines Undercover-Agenten), und er zeigt sich auch nicht geneigt, sich dem Gastland anzupassen, das ihm wie ein fremder Planet vorkommt. Daneben ertrinkt er bei einer nächtlichen Schießerei in einer Werft fast, und als Charnier wieder einmal genug hat von Popeyes Herumstöbern, läßt er ihn zur Abwechslung kidnappen und unter harte Drogen setzen, macht ihn heroinsüchtig.

Popeye überlebt zufällig, und dies gibt Popeyes französischen Kollegen dann wieder Gelegenheit, ihn abgesperrt von der Außenwelt einer radikalen Entziehungskur zu unterwerfen und sich auf diese Weise für all die Aufregungen zu entschädigen. Wieder bei Kräften, marschiert Popeye los und sucht das Hotel, in dem er gefangengehalten wurde, und steckt es einfach in Brand. Am Ende steht wieder eine furiose Verfolgungsjagd, diesmal quer durch den Hafen von Marseille, Popeye zu Fuß, Charnier auf einer Segeljacht, und diesmal erwischt Popeye seinen Mann, und zwar so, daß es wirklich überraschend kommt (zumindest für 1975er Verhältnisse) und *French Connection II* als Selbstjustizfilm par excellence definiert.

›French Connection 2‹ – Die Jagd nach Alain Charnier (Fernando Rey) geht weiter

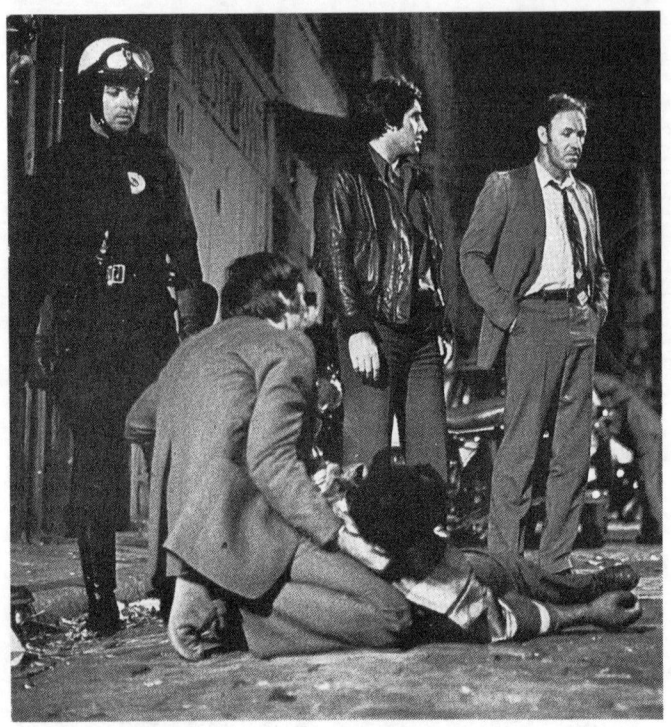

Der Vigilant par excellence – ›French Connection 2‹

War *French Connection II* für Frankenheimer eher eine Ausnahme, profilierte sich Friedkin mit zwei weiteren Filmen. *Cruising* (Cruising) aus dem Jahre '78 sorgte für einiges Aufsehen und war Gegenstand einer breitangelegten Kontroverse in den Medien, weniger wegen seiner bestimmt nicht originellen Geschichte, sondern weil vermutet wurde, der reißerische Inhalt könne diffamierend sein und dem Emanzipationsanliegen der Homosexuellen im Weg stehen. Tatsächlich beutet der Film das spezielle Sado-Maso-Milieu der Homosexuellen-Subkultur weidlich aus, aber da im Grund nichts »gezeigt« wird, die sogenannten perversen und brutalen Praktiken nur behauptet werden, kam jedermann zu kurz.

Vor allem Al Pacino in der Rolle des eingeschleusten Beamten gewinnt nie Konturen, er bleibt ein Zuschauer, eine Figur am Rande. Dabei wäre neben dem obligatorischen Thrill einer Massenmörderjagd genau das das wirklich interessante Element des Films gewesen: Wie reagiert ein unbedarfter, heterosexueller Polizist auf diese Herausforderung, wie wird er damit fertig, in diesen Kreisen arbeiten und leben zu müssen, ständig in Gefahr, seine (sexuelle) Identität zu verlieren. Aber da genau diese Punkte ausgespart werden, vom Ende einmal abgesehen, wo angedeutet wird, daß Pacino die Mordserie fortsetzen könnte, bleibt letztlich nur die Frage, wie ein so versierter Regisseur wie Friedkin einen solch unattraktiven Film drehen konnte.

Um so erstaunlicher dann Friedkins Comeback im Jahr '86, als er sich mit dem wohl besten, weil kompromißlosesten Po-

Der Cop als dümmlicher Angeber – William Petersen in ›To Live and Die in L. A.‹

lizeifilm der letzten Jahre zurückmeldete. *To Live and Die in L. A.* (Leben und Sterben in L. A.) nach einem brillanten Roman des Ex-Secret-Service-Agenten Gerald Petievich, behandelt oberflächlich den Kampf eines einzelgängerischen Polizisten gegen einen ebenso einzelgängerischen Gangster, aber Friedkin ist darüber hinaus eine ungeheuer beklemmende Studie amerikanischer Lebensverhältnisse gelungen. Das Los Angeles von *To Live and Die in L. A.*, das ist vermutlich unser aller Zukunft. Eine unübersehbare Stadtlandschaft, nur dem Autoverkehr zuliebe strukturiert, in der sich nur der behaupten kann, der jedes Mitgefühl für andere abgelegt hat. Wiederum ist das (vorgeschobene) Ausgangsmotiv Rache für einen ermordeten Kollegen. Nachdem sein älterer Partner und Mentor von einer Geldfälscherbande erschossen und wie ein Stück Abfall zurückgelassen wurde, setzt Richard Chance (William Petersen) alles daran, den Kopf dieser Bande zu kriegen, d. i. Eric Masters (Willem Dafoe). Zwar können Chance und sein neuer Partner Vukovich (John Pankow) einen Kurier von Masters festnehmen, aber der Mann weigert sich, mit der Polizei zu kooperieren, und erklärt, daß er lieber ins Gefängnis gehen wolle, als vor Gericht gegen Masters auszusagen. Erst als Masters den Auftrag erteilt, den Kurier zu töten, dies aber schiefgeht, ändert der Mann seine Meinung. Er überredet Chance jedoch auf dem Weg zu Masters' Versteck, einen Abstecher in ein Krankenhaus zu machen, wo angeblich seine Tochter liegt, und Chance willigt ein. Im Krankenhaus dann wird Chance in einem unachtsamen Moment von dem Gangster überrumpelt und zusammengeschlagen (eine Tochter existiert natürlich nicht), und Chance steht schlechter da als zuvor. Unerwartet bekommt er eine neue Gelegenheit. Masters' Anwalt, der von seinem als unzurechnungsfähig empfundenen Mandanten die Nase voll hat, verschafft ihm und Vukovich ein Entree als auswärtige Geschäftsleute, die angeblich bei Masters Blüten kaufen wollen. Doch die Sache hat einen Haken: Masters verlangt eine beträchtliche Anzahlung, weitaus mehr, als die Vorgesetzten von Chance auszugeben bereit sind. Und genau das ist Masters' Versicherung, kennt er doch die Regeln und Vorgänge

›To Live and Die in L. A.‹ – Willem Dafoe und Debra Feuer

bei der Polizei aufs genaueste. Doch er hat nicht mit der Ent-
schlossenheit von Chance gerechnet, dem inzwischen jedes
Mittel recht zu sein scheint. Chance hat von einem Hehler erfahren, der mit dem Zug nach L. A. kommen soll, um für

fünfzigtausend Dollar gestohlenen Schmuck zu kaufen. Er und Vukovich fallen am Bahnhof über den Mann her und zwingen ihn, sie zu begleiten, doch dann läuft alles katastrophal daneben. Nachdem sie dem Mann das Geld schon abgenommen haben, werden sie plötzlich beschossen. Der Hehler fällt tot um, und sie haben einen Gegner am Hals, der von überall herzukommen scheint. Nach einer selbstmörderischen Geisterfahrt über einen Freeway entkommen sie mit knapper Not, und es gelingt ihnen sogar, den Zwischenfall zu vertuschen und im Dienst zu bleiben. Kurz darauf erfahren sie von der Ursache des Spektakels: Der angebliche Hehler war in Wirklichkeit ein Undercover-Agent des FBI und wurde die ganze Zeit über von seinen Kollegen beschattet, die Chance und Vukovich verständlicherweise für Gangster gehalten haben. Mit dem erbeuteten Geld kommen sie mit Masters ins Geschäft, mit der Absicht, Masters beim Tausch mit Hilfe versteckter Waffen hochgehen zu lassen. Die Überraschung gelingt, sie kriegen Masters und seinen Kumpan in die Hand, aber auch die Gegenseite hat vorgesorgt und verfügt plötzlich ebenfalls über eine Waffe, und das letzte, was Chance in seinem Leben sieht, ist die Mündung einer Schrotflinte. Der anfangs zögerliche Vukovich tötet Masters und tritt in die Fußstapfen seines Partners.

To Live and Die in L. A. war kein sonderlicher Erfolg, was keinesfalls auf die ungewöhnlich stimmige und temporeiche Inszenierung zurückzuführen ist, sondern auf die Charakterisierung von Chance. Dieser Polizist ist Lichtjahre entfernt von der Durchschlagskraft und Präsenz eines Dirty Harry. Er ist ein dümmlicher Angeber, er erpreßt eine junge Frau, gegen die er Material in der Hand hat, ihm als Informantin und Sexpartnerin dienlich zu sein, und hat nur deswegen vorübergehend Erfolg, weil er sich nicht scheut, »Abkürzungen« zu gehen. Und damit lag Friedkin so quer wie nur irgendwie möglich, haben alle neueren Produktionen doch nur eine Glorifizierung des Polizistendaseins im Sinn. Wenig heldenhafte Verlierertypen wie Chance, mögen sie noch so präzis und unterhaltsam ans Publikum gebracht werden, haben in den achtziger Jahren kaum Zuspruch erfahren.

Das Ende der Glorifizierung – John Pankow, William Petersen und John Turturro in ›To Live and Die in L. A.‹

Badge 373 (Wie ein Panther in der Nacht, 1973) von Howard W. Koch führt einen etwas ärmlichen Verwandten von Dirty Harry und Popeye Doyle vor, obwohl sich Robert Duvall als Detective Eddie Ryan redlich Mühe gibt, die Fehde eines sturen Polizisten gegen einen Waffenhändler (Henry Darrow) glaubhaft zu machen. Um einen ermordeten Kollegen und Freund von dem Nachruf zu befreien, korrupt gewesen zu sein, legt sich Ryan mit allen an, die seinen Weg kreuzen. Ryan agiert allerdings mehr wie ein Privatdetektiv, ist meistenfalls auf sich allein gestellt, findet reihenweise Tote und verliert auch noch die Freundin, bis es zum Showdown mit dem Waffenhändler kommt. Diese finale Auseinandersetzung findet in luftiger Höhe statt, auf einem Kran, wohin sich der Gangster nach einem Feuergefecht mit der Polizei geflüchtet hat. Ryan wartet ab, bis seinem Gegner die Munition ausgegangen ist, und als der Mann sich dann ergeben will, sieht Ryan nochmals alle durch die Schuld des Gangsters umgekommenen Personen vor sich, und er tötet den wehrlosen Gangster. Neben dieser Aktion ist lediglich die Sequenz leidlich gelungen, in der Ryan vor einer Gruppe puertoricanischer Jugendlicher, die ebenfalls in das Waffengeschäft verwickelt ist, flüchtet und dabei einen Linienbus der Stadt hijackt. Doch am Ende der wilden Nachtfahrt steht nicht der Tod, sondern lediglich eine wüste Prügelei, was den Aufwand und die vorhergegangenen Brutalitäten dann wieder desavouiert.

Neben Popeye Doyle war es eine zweite authentische Figur, die den Polizeifilm in seinen Selbstjustiz-Tendenzen bestärkte, Buford Pusser.

Buford Pusser, ein Ex-Soldat und Profi-Ringkämpfer und in den sechziger Jahren eine Zeitlang Sheriff in McNairy County/Tennessee, hatte sich im Kampf gegen Schwarzbrenner, Falschspieler und Prostituierte profiliert und damit überregionales Aufsehen bewirkt, obwohl seine gewalttätigen Methoden nicht überall Anklang fanden. Der Produzent Mord Briskin hörte von Pussers heldenhaften wie tragischen Erlebnissen (Pussers Frau fiel einem Mordanschlag zum Opfer), schrieb ein Drehbuch und fand in Phil Karlson den richtigen Regisseur. Karlson verstand es, das gleichermaßen sentimentale wie populistische Material aufregend und halbwegs glaubwürdig über die Runden zu bringen, ein Job, dem Regisseure mit höheren Ansprüchen sicher nicht gerecht geworden wären. In *Walking Tall* (Der Große aus dem Dunkeln, 1973) kehrt Buford Pusser (Joe Don Baker) nach einigen Jahren als professioneller Ringkämpfer in seine Heimatstadt zurück, angewidert von den korrupten Machenschaften des Sportgeschäfts. Als er einem Freund beistehen will, der in einem Spielcasino am Rande der Stadt betrogen wurde, wird er grausam verprügelt und aufgeschlitzt, schließlich für tot gehalten und liegengelassen. Dank seiner besonderen Konstitution schafft es Buford Pusser, die Tortur zu überleben, und als der Sheriff nichts unternimmt, fährt er nach seiner

Genesung in das Spielcasino zurück, bewaffnet mit einem schweren Holzknüppel, und schlägt ein halbes Dutzend Angreifer mitsamt der Einrichtung zusammen. Angeklagt und vor Gericht gestellt, verteidigt er sich publikumseffektiv, indem er sich im entscheidenden Augenblick das Hemd aus-

Der Echte und sein Kino-Gegenstück – Buford Pusser und Joe Don Baker auf dem Set von ›Walking Tall‹

zieht und seinen mit zahllosen Narben gezeichneten Oberkörper vorzeigt. Die Geschworenen sind mehr als beeindruckt, und Buford Pusser wird freigesprochen. Danach kandidiert er für das Amt des Sheriffs, überlebt einen Mordanschlag des amtierenden Sheriffs (!), dem dieser selbst zum Opfer fällt, trotz Pussers ritterlicher Hilfsversuche. Als Sheriff räumt Buford Pusser dann mit den Falschspielern und Zuhältern des Bezirks auf, was zu einigen Feuerüberfällen der Gegenseite führt. Nach dem Tod seiner Frau, noch im Gips, fährt er los und erledigt die letzten verbliebenen Gangster, indem er seinen Wagen einfach in den Spielclub rammt, wo sich die Killer versteckt halten.

Die Botschaft von *Walking Tall* ist einfach und klar. Es bedarf nur eines aufrechten Mannes, der sich nicht scheut, ein persönliches Risiko einzugehen, und der es versteht, der Sünde zu widerstehen, und die Welt kommt wieder in Ordnung. *Walking Tall* ist bestimmt spannend, wenn auch stellenweise sehr roh und unelegant inszeniert, und so erschienen noch zwei Fortsetzungen, mit Bo Svenson in der Rolle des Buford Pusser, ohne aber die Wut und Energie des ersten Films auch nur annähernd zu erreichen.

4. Der Preis der Macht

In Sidney Lumets *Serpico* spielt Al Pacino einen jungen, idealistischen New Yorker Polizisten, der mit der allgemeinen Korruption auf allen Ebenen des Polizeiapparates nichts zu tun haben will. Als Folge davon wird er von seinen Kollegen und Vorgesetzten geschnitten und bedroht, ständig versetzt und nicht befördert und am Ende bei einer Razzia absichtlich im Stich gelassen und in den Kopf geschossen. Vorgänge, die zum Einsatz der sogenannten Knapp-Kommission führten, die den Skandal zwar öffentlich machte, an den illegalen

Der idealistische Cop hat keine Chance mehr – Al Pacino als ›Serpico‹

Praktiken selbst aber nicht viel zu ändern vermochte. Nach seiner Genesung lehnt Serpico die Beförderung zum Detective ab. Der Nachspann informiert, daß er den Polizeidienst quittiert und resigniert in die Schweiz geht.

Serpico beruht auf den Erlebnissen des »realen« Frank Serpico, die der durch die »Valachi-Papiere« bekannte Autor Peter Maas 1971 als Tatsachenroman veröffentlicht hatte. Serpico, Maas und Lumet sind sich zwar in dem Interesse einig, gesellschaftliche Mißstände schonungslos aufzudecken und Kritik an Fehlentwicklungen zu üben, eine grundsätzliche Änderung des Systems wird dabei allerdings nicht gefordert, denn das System an sich ist nicht schlecht, schlecht und verdorben sind nur einzelne Apparate und politische Auswüchse. Insofern ist Serpico das aufrechte, von den Motiven der Studenten- und Jugendrebellion überzeugte Gegenstück zu dem verkommenen Bullen: Man hat ihn auch als »Sozialarbeiter« im Polizeidienst bezeichnet, nicht zuletzt wegen seines Aufzugs. Doch der moralische Konflikt liegt tiefer: Serpico steht als einzelner gegen ein System, in dem sich die korrumpierenden Elemente überall eingenistet haben. Was eine frustrierende Bürokratie im Apparat nicht schafft, die Politik der Schmiergeldhände erledigt den Rest. Eine Position dazwischen gibt es nicht, und das macht Serpicos Geschichte und den Film so widersprüchlich.

Das ist um so tragischer, weil Serpico mit fortlaufender Erkenntnis seine moralische Kraft verliert, gegen die Übermacht anzugehen. Die Mechanismen des Organisationssystems Polizei, das im Namen der Verbrechensbekämpfung selbst Verbrechen begeht, erweisen sich als stärker, nichts wendet sich zum Besseren.

Zwar wurde die Geschichte Serpicos verändert und simplifiziert, in Wirklichkeit stand er nicht ganz so allein, aber was schwerer wiegt, ist der Umstand, daß wir (im Film) nie richtig erfahren, was Serpico so anders machte, warum er sich so konsequent weigerte, das Spiel mitzuspielen. So erscheint Serpico beinahe wie ein kleiner Messias, der nach New York City gekommen ist, um das Korruptionschaos auffliegen zu lassen. Es wird auch vergleichsweise wenig von seiner Polizei-

Serpico in seiner Dienstverkleidung

arbeit gezeigt, sein Hippie-Privatleben dagegen liebevoll aus-
gebreitet. Doch der Gegenkulturbewegung der sechziger
Jahre war an einer Reformierung des Systems nichts gelegen,

91

man wünschte das Establishment (und damit vor allem die Polizei) zum Teufel und richtete sich außerhalb ein! Wahrscheinlicher ist, daß die Watergate-Affäre und der Vietnam-Krieg die Ausrichtung in *Serpico* bestimmt haben, die Sehnsucht der Amerikaner nach einem positiven Gegenpol. So bleibt der Eindruck, daß sich Lumet nicht ganz entscheiden konnte (durfte?), eine Schwäche, die er mit *Prince of the City,* einem der großen Meisterwerke des Polizeifilms, wieder gutmachte.

Die titelgebenden »Prinzen der Stadt« sind die Mitglieder einer New Yorker Spezialermittlungseinheit, der SIU (Special Investigation Unit) vom Rauschgiftdezernat: »Die wahren Herren der Stadt«, wie sie von den Kollegen neidvoll genannt werden.

Diese Spezialeinheit konnte weitgehend nach eigenem Ermessen vorgehen, sich Ziele und Methoden frei wählen und unterlag so gut wie keiner Kontrolle. Das konnte natürlich nicht gutgehen, und so haben die Beamten es schnell verstanden, aus dieser Arbeitsweise Kapital zu schlagen, indem sie zum Beispiel die Telefongespräche von Drogenhändlern abhörten, die daraus gewonnenen Erkenntnisse dann aber dazu benutzten, die Gangster zu berauben oder ihnen gegen Geld die Einstellung der Nachforschungen anzubieten. Einer der Beamten hält diesen Widerspruch aber eines Tages nicht mehr aus und stellt sich ambitionierten Staatsanwälten zur Verfügung. Leider dauert es fast zwei Stunden (von knapp drei Stunden Filmlänge), bis klar wird, was diesen Beamten dazu treibt; es gibt viele Wiederholungen, bis feststeht, was dieser Beamte sucht: Erlösung von seinen Sünden, eine sehr religiöse Angelegenheit also. Zudem wird der Ausgangspunkt des ganzen Dramas etwas verwischt, nämlich die kriminellen Aktivitäten dieser Spezialeinheit, die in der Romanvorlage von Robert Daley viel ausführlicher und schärfer dargestellt werden. In Lumets Film scheint die Verzweiflung des Beamten über die Tatsache, selbst als Dealer agieren zu müssen, um Informationen zu erhalten, der Hintergrund seines Gewissenskonflikts zu sein. Von anderen kriminellen Verstrickungen ist weniger die Rede.

Fünf dieser Beamten werden anstelle eines Vorspanns mit
Namen, Foto und Dienstausweis vorgestellt: ein erster Hinweis auf die sachliche, fast schon dokumentarische Vorgehensweise des kommenden Films. Star der Truppe ist Danny
Ciello, der Detective, der im Prolog aus einem schlechten
Traum aufgewacht ist (Treat Williams). In der ersten Sequenz
nehmen die fünf zielsicher ein paar Kriminelle hoch, und erst

*Der kleine Hippie-Messias im Sumpf der Korruption – Al Pacino und Tony
Roberts in ›Serpico‹*

im Gerichtssaal wird ihre zu Beginn angedeutete Identität als SIU-Kollegen endgültig deutlich.

Ein Zitat wird eingeblendet: »Niemand hält so zu mir wie meine Partner.« Damit beginnt die Ouvertüre des eigentlichen Themas: Ciello wird von Staatsanwalt Cappalini informiert, daß Ermittlungen wegen Polizeikorruption im Gange sind. Ciello, der noch unbelastet sei, solle mitarbeiten und Anhaltspunkte, wenn nicht Beweise liefern. Doch Ciello ist keineswegs frei von Verdacht. Bei einem Gartenfest sagt ihm sein rauschgiftsüchtiger Bruder: »Weißt du, was der Unterschied ist zwischen dir und 'nem Typ, der mit 'ner Strumpfmaske loszieht? Du hast 'ne Blechmarke.« Die Bestätigung folgt auf dem Fuße: Man sieht Ciello durch den Regen hetzen, weil er seinem Informanten, der kurz vor dem Durchdrehen ist, Stoff besorgen muß. Nur: Ciello handelt nicht mit Heroin, er gibt den Fixern/Spitzeln ihre Ration im Gegenzug für deren Auskünfte. Ein wichtiger moralischer Unterschied.

Wenn die zivilen Drogenfahnder der SIU auch relativ frei von bürokratischen Zwängen arbeiten können, so ist ihr Leben im Milieu der Junkies und Dealer doch alles andere als glänzend. An einer Stelle läßt Ciello seine Wut raus: Gerade die Korruption auf hoher und höchster Ebene mache die Arbeit der Polizisten an der Front wieder zunichte: »Die wirklichen Schweine sitzen woanders … Staatsanwälte, die Kuhhandel mit Schuldbekenntnissen treiben, aus einem Mord ein Vergehen machen … Wir leben in einem Dschungel. Wir machen die Dreckarbeit, damit ihr über den Dingen stehen könnt.« Damit bringt Ciello die Situation auf den Punkt. In den oberen Reihen wird nur an die Durchsetzung von abstrakten Ideen gedacht, er und seine Kollegen aber müssen aus der Not eine Tugend machen und vor allem pragmatisch handeln. Das ist durchaus auch ein Klassenkonflikt, und hier liegt die politische Botschaft von Lumets Polizeifilm: Schreibtischstrategen stehen gegen »Frontschweine«, wobei erstere immer bereit sind, die Kleindarsteller von Gesetz und Ordnung fallenzulassen.

Also bleibt als einzige Konstante in Ciellos Leben die Gruppe und ihr Teamgeist: »Ich schlafe mit meiner Frau, aber

Auf der Suche nach der Absolution – Treat Williams, Paula Roebling und Norman Parker in ›Prince of the City‹

leben tu ich mit meinen Partnern.« Später sagt er: »Wer dich wirklich liebt, sind nur deine Partner.« Dennoch, und hier setzt die außerordentliche Binnenspannung des Films ein, läßt sich Ciello auf einen Handel mit der Staatsanwaltschaft ein und beginnt, Beweismaterial für Korruption in Polizeikreisen zusammenzutragen. Seine Bedingung: »Meine Partner reiße ich nicht mit rein.« Sie sollen von den Ermittlungen ausgeschlossen sein. Ausgestattet mit einem versteckten Mikrofon, das ihm im Lauf der Zeit sowohl physische wie psychische Wunden in den Körper reißen wird, sucht Ciello nun Kontaktleute aus der Drogenmafia auf; die Tonbänder im Büro der Untersuchungskommission häufen sich.

Doch die Arbeit, zunächst nur als ein faszinierendes Spiel zwischen den Fronten angesehen, ergibt Probleme, die Ciello nicht vorausgesehen hat. Eine Aktion wird ihm beinahe zum Verhängnis, weil sich die ihm zum Schutz beigegebenen FBI-Agenten als unfähig erweisen. Wichtiger noch: Es spricht sich herum, daß ein Spitzel der Bundesanwaltschaft unterwegs ist, und das sät Mißtrauen. Zudem ist Ciello nur ein nützliches Glied im Räderwerk von Interessen, die auf seine Freunde bald keine Rücksicht mehr nehmen. Der Polizist Gino wird in eine Falle gelockt, verhaftet und angeklagt. Er erschießt sich. Fragt Ciellos Frau Carla (Lindsay Crouse): »Was hat Gino getan?« Antwortet Danny: »Er hat sich ein Haus gekauft und alles mit Teppichboden ausgelegt – genau wie ich.« Zu diesem Zeitpunkt wird Ciellos Telefon bereits abgehört. Er weiht seine Partner ein: »Ich glaube, ich wollte nur Absolution. Denn wie können wir die Sakramente empfangen, bei dem, was wir tun?« Das ist der Schlüsselsatz des Films, der auf Ciellos intaktes Moralempfinden verweist, trotz aller faulen Kompromisse und Verrätereien. Spätestens an diesem Punkt wird er als der »tragische« Polizist par excellence wie in der klassischen Tragödie erlebbar und einsichtig. Sein katholischer Hintergrund bringt weitere unlösbare Schuld-und-Sühne-Komplexe: Ciello ist in religiöser Hinsicht ein Judas.

Als die Zeitungen seine Spitzeltätigkeit veröffentlichen und verkünden, daß er als Kronzeuge auftreten wird, gerät er mitsamt Familie in Lebensgefahr. Man schirmt ihn ab und bringt ihn außerhalb der Stadt in den Bergen in Sicherheit, rund um die Uhr bewacht. Doch was Ciello begonnen hat, hat sich längst verselbständigt, das Unheil, das er verhüten wollte, vergrößert sich nur noch. Der Apparat verlangt weitere Opfer, und zu denen werden auch er und seine Partner gehören. Zunächst wird Ciellos Glaubwürdigkeit untergraben: Hat er nicht bereits einige kleine Vergehen gestanden? Dann findet man seinen Mafia-Vetter Nick ermordet in einer Mülltonne auf. Schließlich spielt man seine Partner gegeneinander aus: »Entweder Sie sagen aus oder Sie landen im Gefängnis, und zwar alle.«

Ciello, der sich vorgenommen hat, von nun an zu lügen, geht einen einsamen, bitteren Weg: Er schluckt massenweise Beruhigungstabletten, hat Zahnfleischbluten, ist fix und fertig. Als er hört, daß sich sein Partner Mayo erschossen hat, weil er nicht mehr weiterwußte, schreit er es hinaus: »Ihr könnt uns nicht wie Verbrecher behandeln. Hat sich jemals ein Mafioso umgebracht, wenn er in die Klemme geraten ist? So was machen immer nur Cops, die sind so blöd.« Entsetzt erkennt Ciello, was er angerichtet hat. Zwar wird nach eingehender Diskussion der Staatsanwälte darauf verzichtet, auch Ciello anzuklagen, aber seine Einheit und das menschliche Band, das die Partner zusammenhielt, ist zerschlagen. Das einstige Vertrauen ist niemals wieder herzustellen.

Nach der Affäre bleibt Ciello ein Gezeichneter, der Bulle mit

Gescheitert am allgegenwärtigen Pragmatismus – Treat Williams in ›Prince of the City‹

dem Judasblick. Im Epilog ist er Ausbilder an der Polizei-
schule geworden. Er stellt sich mit seinem Namen vor. Fragt
einer aus der Klasse: »Sind Sie *der* Detective Ciello?« Danny
bejaht verunsichert und bekommt nun die ganze Verachtung
seiner künftigen Kollegen zu spüren. Der Polizeischüler steht
auf und sagt: »Ich glaube kaum, daß ich von Ihnen etwas ler-
nen kann.« Die Großaufnahme mit Ciellos Gesicht friert ein
und blendet ab.

Prince of the City basiert auf der Geschichte des Polizei-De-
tectives Robert Leuci, der ab 1971 für die »Chase-Kommis-
sion« gearbeitet hatte und bis 1977 ihr Agent war. Treat Williams machte sich vor den Dreharbeiten bei ihm über das Milieu kundig. Lumet und seine Drehbuchautoren, die Daleys
1978 erschienenen Roman in die Gegenwart verlegten, um
die fortdauernde Problematik zu betonen, haben in bislang
einmaliger Weise sachlich und überzeugend geschildert,
unter welchen Bedingungen ein Polizist zu arbeiten hat und
woher die Gefahren dabei kommen. Sie zeigen jenes wechsel-
seitige Geflecht, die Vernetzung von Abhängigkeiten und die
daraus entstehenden Gewissens- und Loyalitätskonflikte.
Der alltägliche Kleinkrieg, den Dschungel unter Kontrolle zu
behalten, erfordert durchaus, Ideale und Dienstvorschriften
hintanzustellen, da nur Resultate, Erfolge zählen: Pragmatismus auf jeder Ebene. Da ist es nur verständlich, wenn jemand wie Ciello, der für eine buchstäbliche Prinzipientreue
zu schwach ist, das Spiel mit dem hohen Einsatz wagt.
Lumets Inszenierung, in der Action-Szenen nur beiläufig und
am Rande auftauchen, ist ungemein dicht in der psychologi-
schen Zeichnung der Charaktere, die zwischen der Ansicht
»Der Zweck heiligt die Mittel« und einem archaisch anmu-
tenden Ehrenkodex – kein Verrat an den Freunden – zerrissen
werden. Über alle Sachzwänge hinweg versuchen sie, sich
eine eigene Moral zu zimmern. Doch die Welt, in der sie agieren, ist böse, korrupt, verlogen, und überall sind Fallen auf-
gestellt. Da mag Ciello noch so viele Stadien des Fegefeuers
durchlaufen, er wird immer zu den Verlierern zählen: als gut-
williger Helfer jener Karrieremenschen, die andere auf dem
Weg nach oben nur benutzen und dann wieder fallenlassen.

Wer versucht, ehrlich zu bleiben, der verliert: Das ist so realistisch wie tragisch. So tragisch wie auf einer anderen Ebene der Anspruch der Richter und Staatsanwälte, jeder Polizist müsse die Schmutzarbeit und die Anfechtungen des Außendienstes schuldlos überstehen. Niemand wird das je einlösen können.

Lumets spannende und vielschichtige Analyse des amerikanischen Polizei- und Gerichtssystems stellt in kalten blauen Farben, denen jeder Glanz genommen ist, eine Welt vor, die man auch als kafkaesk bezeichnen könnte. In dieser Welt sind alle Diener eines unüberschaubaren Apparates, einer Maschinerie geworden, die ihre eigenen Zwänge und Gesetzmäßigkeiten entwickelt hat, was mit der zunehmenden Computerisierung noch verstärkt wird. Das führt zu einer Atmosphäre wie in einem Alptraum, der auch darin besteht, daß die moralische Mehrdeutigkeit jeder Handlung in die Zwischenzone des Wahnsinns oder des Verbrechens führen kann. Das macht *Prince of the City* so meisterhaft wie schmerzlich.

Einer, der alle Stufen und Stadien der Entwicklung des tragischen Polizisten immer wieder und mit überraschenden Variationen aufgreift, ist der ehemalige Polizist und Romanautor Joseph Wambaugh, der die wohl stimmigsten, auf eigenen Erlebnissen oder auf Aussagen von Freunden beruhenden Polizeigeschichten geschrieben hat. Fast alle sind – in unterschiedlichen Zeitabständen und mit unterschiedlichen Resultaten – verfilmt worden. Seit 1970 hat Wambaugh, Jahrgang 1937, sieben Romane und ein halbdokumentarisches Buch über das Polizeimilieu geschrieben: Fast alle wurden Bestseller.

Der Mann weiß genau, wovon er schreibt. 1960 trat Joseph Aloysius Wambaugh, Sohn eines Pittsburgher Polizisten, dem LAPD (Los Angeles Police Department) bei. Bis dahin hatte er in einem Stahlwerk gearbeitet und in der Marine gedient. Am Anfang wollte er etwas erleben, ein Opfer des »John-Wayne-Syndroms«. Als er nach vierzehn Jahren den Polizeidienst quittierte, hatte er die ersten drei Romane geschrieben, die maßgeblich an dem einsetzenden Boom von Hollywood-Polizeifilmen beteiligt waren. Gleichzeitig wirkte

Der Untergang des antiken Helden durch eine längst nicht mehr durch-schaubare Wirklichkeit – Stacy Keach in ›The New Centurions‹

er seit 1974 an der NBC-Fernsehserie »Police Story« als Bera-ter mit. Wambaugh sah seine kritischen Intentionen in den Verfilmungen jedoch bald verfälscht; und er prozessierte sogar, weil die Produktionsfirma Lorimar sein Drehbuch für *The Choirboys* vertragswidrig umschreiben ließ. Er schrieb auch für zwei der besten nach seinen Romanen entstandenen Filme selbst das Drehbuch: für *The Onion Field* und für *The Black Marble,* übernahm hier aber auch vorsichtshalber die Rolle des Produzenten.

Wambaughs erster Roman »The New Centurions« (dt. »Nachtstreife«) wurde sofort nach seinem Erscheinen 1971 von Richard Fleischer nach einem Drehbuch von Stirling Silliphant und Robert Towne verfilmt: *The New Centurions* (Polizeirevier Los Angeles-Ost), ein brillanter Vorläufer von Dennis Hoppers *Colors*, schildert reportageähnlich den Alltag mehrerer Polizisten im Osten von L. A. Hier treten sie täglich den Dienst an und hier treffen sie täglich auf die gewohnte Mischung aus Straßenräubern, Strichjungen und Prostituierten. Sie retten mißhandelte Kinder, schlichten Bandenkämpfe und kümmern sich um Drogensüchtige, soweit sich das überhaupt bewerkstelligen läßt. Als Nachtpatrouille und Einsatztruppe für so ziemlich jeden Notfall sind die Bul-

›The New Centurions‹ – Stacy Keach, Jane Alexander und George C. Scott

len auch »Beichtväter«, die sich jeder Situation stellen müssen. Im Film wie im Roman, der den Weg dreier Polizisten von ihrem Dienstantritt 1960 bis zu den Rassenunruhen in Watts 1965 verfolgt, entsteht eine Folge von Episoden, die blitzlichtartig von dem berichten, was am nächsten Tag nur als kurze Schlagzeile in der Zeitung steht – oder als Kleinstnachricht. Nicht zuletzt durch die Besetzung mit George C. Scott als Sergeant Andy Kilvinsky gewinnt *The New Centurions* eine zusätzliche Dimension, die der schleichenden Resignation. Kilvinsky hat eine Regel: »Nimmt der andere die Fäuste, nimmst du den Knüppel, nimmt der andere das Messer, nimmst du die Kanone und machst ihn gleich an Ort und Stelle fertig. Und wenn das alles nichts nützt, nimm 'nen Ziegelstein oder was du gerade in die Finger kriegst, und schlag ihn nieder.« Doch trotz dieser pragmatischen Überlebensregel nimmt sich Kilvinsky nach seiner Pensionierung das Leben. Sein junger Kollege Roy Fehler (Stacy Keach), College-Absolvent mit Sozialarbeitertouch, bleibt bei einem Routinefall mit einem Bauchschuß (seinem zweiten) auf der Strecke.

Wambaugh benutzt den Begriff der »neuen Zenturionen« natürlich ironisch: Zwar glauben seine Figuren, sie seien die moderne Version antiker Helden, doch sie scheitern immer mehr an einer längst nicht mehr überschaubaren Wirklichkeit. Die Arena des Los Angeles von heute bietet denn auch wenig Platz für Heldentaten, man kann allenfalls überleben, seine Haut retten. Kilvinsky sagt einmal: »Die Verbote sterben aus, das Böse niemals.« Es mag dieses Bewußtsein um die Vergeblichkeit aller Anstrengungen gewesen sein, das Wambaugh (neben seinem Erfolg als Autor) veranlaßte, den Dienst endgültig aufzugeben. Denn für den halbdokumentarischen Roman »The Onion Field« (1973, dt. »Tod im Zwiebelfeld«) hatte er sich noch ein halbes Jahr freigenommen und war dann in den Dienst zurückgekehrt. Die vielen unerwünschten Besuche in der Polizeistation und die Flut von Telefonanrufen an den Autor degradierten seine Kollegen zu Sekretären, so daß Wambaugh endgültig am 8. März 1974 aus dem Dienst ausschied.

›The Choirboys‹ von Robert Aldrich

Mit drei »Lehrromanen« hinter sich, schrieb er 1975 den Roman, den er für seinen besten hält: »The Choirboys« (dt. »Die Chorknaben«). Christopher Knopf schrieb für Regisseur Robert Aldrich das ursprüngliche Drehbuch von Wambaugh um; dagegen prozessierte Wambaugh später wegen »vulgären Zynismus«. Aldrich, der schon mit *Hustle* (Straßen der Nacht, 1975) »Wambaugh-Territorium« erkundet hatte, mit Burt Reynolds als einem »Dirty Harry mit Weltschmerz« (P. Kael), inszenierte *The Choirboys* als strikten Genrefilm. Die Polizisten im Los Angeles des Jahres 1977 führen in der Zeit nach dem verlorenen Vietnam-Krieg einen verbissenen Krieg gegen Schwarze, Puertoricaner, Huren, Homosexuelle und Stricher. Der Titel bezieht sich auf die nächtlichen Gelage der zehn »Chorknaben«, die sich im MacArthur Park mit Alkohol, Mädchen und vulgären Streichen vergnügen.

Flucht vor der Frustration des Berufs – ›The Choirboys‹

Die allesamt psychisch angeknacksten Bullen versuchen auf
diese Art und Weise, dem Frust in der Familie wie im Beruf zu
entgehen. Ihre Aufgabe ist ohnehin nicht die spektakuläre
und beförderungswürdige Aufklärung von Kapitalverbre-
chen, sondern das, was sie »Verkehrsregelung« nennen: das
Hochnehmen unlizenzierter Prostituierter und harmloser
Homosexueller. Das Trauma des Vietnam-Krieges bringt
schließlich die Katastrophe: Total besoffen wird einer der
zehn in einen Lastwagen gehievt. Er erwacht, wähnt sich in

Südostasien und gerät wegen seiner dort erworbenen Klaustrophobie in Panik und läuft Amok. Nur mühsam können die »Chorknaben« das von ihm angezettelte Massaker vertuschen.

The Choirboys zeigt eine höchst gefährliche Ersatzwelt aus Machotum, Waffenfetischismus und Überheblichkeit. Bricht das Kartenhaus der Selbstüberschätzung zusammen, flüchten sich die Männer in Alkoholismus, Drogen und absonderliche Sexualpraktiken. Wambaughs Folge präziser Porträts von dumpfen, dekadenten und debilen Polizisten wurde in Aldrichs Film allerdings noch einmal derart gesteigert, daß die an sich präzise und glaubwürdige Kritik des Autors an öffentlichen Mißständen in ihr Gegenteil, eine rüde Bullenorgie, ver-

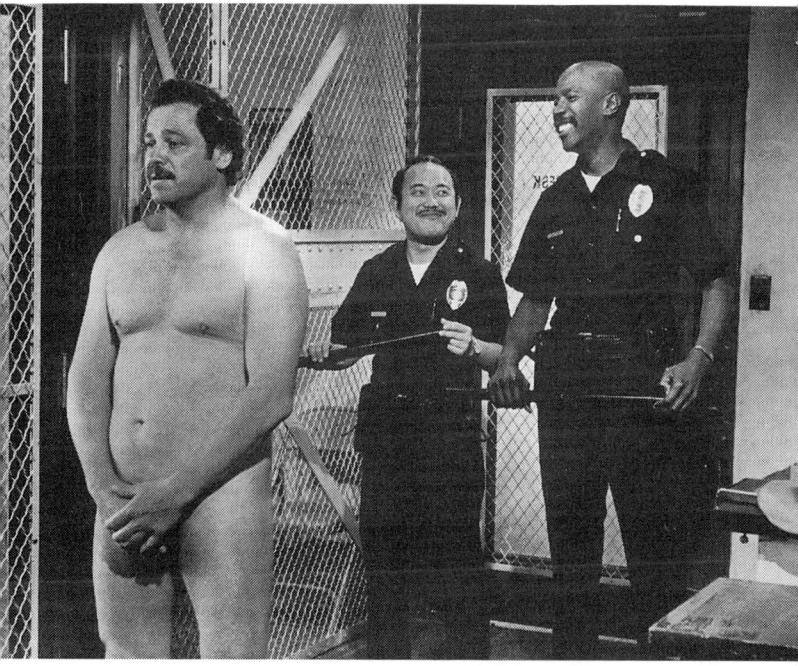

Präzise Schilderungen, zu einer rüden Bullenorgie überhöht – Louis Gossett jr. (r.) in ›The Choirboys‹

kehrt wurde. Aldrichs Polizisten sind haßerfüllte, sadistische, brutale, total desillusionierte Kotzbrocken, was aber zumTeil auch an den Kürzungen des anfänglich fast vier Stunden langen Streifens liegen mag, die alle Zwischentöne und intimeren Szenen eliminierten, so wie es ohnehin unmöglich scheint, zehn voll entwickelte Charaktere in einem einzigen Film unterzubringen und ihnen auch noch gerecht zu werden. Wambaughs Roman endet zum Beispiel extrem resignativ, während Aldrich es offenläßt, was mit den »Chorknaben« weiter geschieht, ob eine Läuterung in Aussicht steht.

Wambaugh jedenfalls zog aus seinen Hollywood-Erfahrungen die Konsequenzen und ließ von dem Regieneuling Harold Becker die Romane »The Onion Field« (dt. »Tod im Zwiebelfeld«) und »The Black Marble« (1978, dt. »Ein guter Polizist«) verfilmen. Dazu gründete Wambaugh die Black Marble Productions, seine eigene Produktionsfirma. Beide Filme – *The Onion Field* (Mord im Zwiebelfeld, 1979) und *The Black Marble* (Video: Hollywood/CopsTV: Nieten unter sich, 1980) – wurden kommerzielle Mißerfolge, weil sie keine der üblichen Identifikationsangebote für die Zuschauer bereithielten, doch Wambaughs Vorstellungen entsprachen sie durchaus.

Er schrieb selbst die Drehbücher für die beiden Filme. *The Onion Field* geht auf einen authentischen Fall aus dem Jahre 1963 zurück. Zwei Zivilfahnder, Ian Campbell (Ted Danson) und Karl Hettinger (John Savage) sind auf nächtlicher Streifenfahrt in L. A. unterwegs. Ein alter verbeulter Ford mit zwei männlichen Insassen erregt ihre Aufmerksamkeit. Die Routineüberprüfung wird zum Alptraum: Die Männer im Auto, kleine, aber gefährliche Gauner, Gregory Powell (James Woods) und der Schwarze Jimmy Lee Smith (Franklyn Seales), überwältigen die beiden Polizisten und nehmen sie kurzerhand als Geiseln. In dem (Irr-)Glauben, damit eine Entführung bewerkstelligt zu haben, fahren sie auf ein Zwiebelfeld hinaus, um die beiden Polizisten zu beseitigen. Campbell wird erschossen, Hettinger aber kann im Schutz der Dunkelheit entkommen. Bereits wenige Stunden nach der Tat werden die Killer gefaßt.

*Zwischen Polizei-Thriller, Justizfilm und Psychogramm – James Woods
und Franklyn Seales in ›The Onion Field‹*

Damit beginnt der zweite Akt des Dramas. Denn Powell und
Smith beschuldigen sich nun gegenseitig, der Todesschütze
gewesen zu sein. Durch geschicktes Manövrieren vor allem
des eiskalten Taktikers Powell, der immer neue Eingaben und
Petitionen erstellt, wird der Prozeß immer wieder hinausge-
zögert. Powell, der weitaus intelligentere der beiden, entwik-
kelt sich in der Haft zum gerissenen Anwalt in eigener Sache.
Als 1972 in Kalifornien die Todesstrafe, die ihnen gewiß gewesen wäre, abgeschafft wird, wird das doch noch gefällte Urteil
in lebenslanges Zuchthaus umgewandelt. 1982 wird Smith
auf Bewährung entlassen, um kurz darauf wegen Drogenhandels wieder im Gefängnis zu landen. Powell wird 1983 be-
gnadigt.
Der Weg des Polizisten Hettinger verlief ebenfalls tragisch:

›The Onion Field‹ – Beege Barkett und Franklyn Seales

Der unglückliche junge Beamte fühlte sich am Tode von Campbell mitschuldig und verfing sich immer mehr in Selbstanklagen und Ängsten, je länger sich das Verfahren hinzog. Den endlosen Anhörungen in dem Marathon-Verfahren hielt er nicht stand; als Feigling und Versager gedemütigt, brach er psychisch zusammen. Bei einem Ladendiebstahl wurde er straffällig und mußte seinen Dienst quittieren. Dermaßen zwischen einem Polizei-Thriller (erstes Drittel), einem Justizfilm (zweites Drittel) und dem Psychogramm eines verstörten Polizisten (letztes Drittel) schwankend, gelingt dem Film zwar Verständlichkeit und Objektivität angesichts eines Themas wie der Todesstrafe. Doch die historische Distanz zu dem inzwischen auch obsoleten Verfahren, die immer wieder zitierten Formalien und juristischen Spitzfindigkeiten werden mit zu vielen Nebenhandlungen abgehandelt, ein interessantes Beispiel für das eigentliche Unvermögen des Mediums Film, komplexe juristische Sachverhalte adäquat abzuhandeln. Die Porträts der Hauptfiguren allerdings, des nervös-selbstsicheren Powell und des verzweifelten, mit Impotenz

Scharfe Satire auf die verwöhnten Reichen Kaliforniens – Harry Dean Stanton und Judy Landers in ›The Black Marble‹

und Selbstmordabsichten reagierenden Hettinger, sind stimmig und überzeugend: Auch Hettinger ist ein »gefallener« Polizist.

Glücklicher waren Wambaugh/Becker mit *The Black Marble*, der direkt im Anschluß entstand. In einer hinreißend tragikkomischen Mischung aus Polizeifilm, *screwball comedy* und skurriler Liebesgeschichte gelingt ihnen eine scharfe Satire auf die verwöhnten Reichen Kaliforniens, voll mit Seitenhieben auf übertriebene Tierliebe und auf die Dummheit des polizeilichen Verwaltungsapparates. A. M. Valnikov, Träumer, Alkoholiker mit einer Vorliebe für Wodka und sentimentaler Russenabkömmling, den es in orthodoxe Kirchen treibt, arbeitet als Sergeant im Einbruchsdezernat. Der spleenige Wirrkopf, der unter Alpträumen aus seiner Zeit bei der Mordkommission leidet, wird mit Natalie Zimmermann, Polizistin in Los Angeles, auf einen Fall von Hundekidnapping angesetzt. Nur schwer raufen sich die beiden zusammen: Robert Foxworth und Paula Prentiss spielen das ungleiche Paar als emotionale Drifter, die sich hemmungslos von ihren jeweiligen Stimmungen und Gefühlen leiten lassen – oft wider jegliche Vernunft, immer aber sympathisch verrückt.

Valnikov kann den Fall um den entführten Hund Vickie aufklären, wird aber vorher von dem »Dognapper« Philo Skinner (Harry Dean Stanton) zusammengeschlagen. Mit bandagiertem Kopf und einer gehörigen Portion Weltschmerz trifft er Natalie wieder, die eigentlich beschlossen hatte, mit einem ehrgeizig-ordentlichen Kollegen ein »normales« Leben zu führen. Doch auch Natalie verfällt der Macht der Träume, dem Mut zum Risiko und der Neugier auf das Unerwartete und kann den liebenswürdigen »Spinner« nicht aus dem Kopf drängen. In einer stimmungsvoll inszenierten Schlußszene finden die beiden vor der Kulisse des nächtlichen L. A. an einem beleuchteten Teich mit Springbrunnen zusammen: Am Wasserbecken des Los Angeles Music Center, wo der Fiedler Horst für sie erst Rimski-Korsakow, dann »Schwarze Augen« spielt.

Das wunderbare Ende wirkte, gerade weil es im Film wie im Roman permanent ironisch gebrochen wird, nie sentimental,

›The Black Marble‹ – Ein Fall von Dog-Napping führt die beiden Cops (Robert Foxworth, Paula Prentiss) auf einen ganz speziellen Friedhof

sondern als der adäquate Abschluß eines Polizeiabenteuers, das sich jeder voreiligen Kategorisierung entzieht.

Natürlich sind auch Natalie und Valnikov bemitleidenswerte Polizisten, aber mehr als in den anderen Filmen wird ihre menschliche Seite herausgekehrt, indem sie als Beamte geschildert werden, die sich einen Schuß Sehnsucht erhalten haben und die noch nicht total in den Zynismus getrieben worden sind. Das ist im Genre so selten wie erfreulich.

Andererseits vergißt Wambaugh seinen kritischen Zugriff nie: »Die Schilderung einer Hundepreis-Show in der Los Angeles Memorial Sports Arena ... ist ein Meisterwerk dokumentarischer Satire über die pervertierten Freizeitvergnügungen einer wild gewordenen Infantilgesellschaft« (Wolfram Knorr, »Die kaputten Bullen«). Die bislang letzte Wam-

baugh-Verfilmung entstand 1984 ohne seine Mitwirkung –
nach dem Roman »The Glitter Dome« (dt. »Der Hollywood-
Mord, 1981) unter der Regie von Stuart Margolin und nach
einem Drehbuch von Stanley Kallis: *The Glitter Dome* (Glitter Dome – Im Würgegriff der Glitzerwelt). Ein populärer
Filmproduzent, der pornographische Streifen herstellt, wird
erschossen. Auf der Suche nach dem Mörder geraten die Detectives Marty Welborn (James Garner) und Al Mackey (John
Lithgow), die ähnlich wie Hank Quinlan in *Touch of Evil* ihre
jeweiligen Fälle so »bearbeiten«, daß sie zu jedermanns Zu-
friedenheit ad acta gelegt werden können, in den üblichen
Sumpf aus Drogen, Mord, Raub, Pornographie und Kinder-
prostitution. Al, der schwächere der beiden, bringt sich
schließlich um, weil er den Dreck und den Irrsinn nicht mehr
ertragen kann. Marty wird durch eine Liebesgeschichte (mit
Margot Kidder) vor einem ähnlichen Schicksal bewahrt.

5. Maigret und die Flics

Vater aller französischen Kommissare wird 1932 der von dem belgischen Romancier Georges Simenon ersonnene Kommissar Jules Maigret, neben Sherlock Holmes und Philip Marlowe sicherlich der bekannteste Schnüffler der literarischen Welt (und auch des Films). Aber nicht die Maigret-Filme bestimmen letztlich das Bild, das wir vom französischen Polizei- bzw. Unterweltfilm haben, sondern die Arbeiten von Jean-Pierre Melville, auch wenn Melville, von *Un Flic* (Der Chef, 1972) einmal abgesehen, keine Polizeifilme im engeren Sinn gedreht hat.

Es beginnt mit *Le Deuxième souffle* (Der zweite Atem, 1966), dem wohl besten Gangsterfilm überhaupt, der ein geradezu eisiges Bild der Polizei und ihrer Methoden entwirft. Hier ist nichts von den technischen Wundermitteln und detektivischen Meisterleistungen der Polizei zu sehen, wie sie sonst, und gerade auch in den Maigret-Filmen, dem staunenden Publikum gerne präsentiert werden. Die Polizei stolpert den Ereignissen hinterher und kommt nur durch Zufall, Täuschung und Folter ans Ziel, und gerade wegen der Folterszenen wurde der Film (hierzulande noch mehr als in Frankreich) gekürzt und von offizieller Seite angeklagt.

Lino Ventura spielt in *Le Deuxième souffle* den alternden Profi-Gangster Gustave Minda, einen Mann auf der Flucht, der nochmals alles riskieren möchte, aber sich schwertut, wieder Anschluß zu finden. Erst die Fürsprache eines alten Freundes verschafft ihm Zutritt zu einer Bande, die einen Überfall auf einen Platintransport plant. Der Coup gelingt, und Minda kann beweisen, was noch in ihm steckt. Kurz darauf aber wird er auf offener Straße von ein paar Männern überwältigt, die angeben, von Mindas Komplizen übers Ohr gehauen worden zu sein. Minda verteidigt sich und erwähnt dabei den Kopf des Unternehmens, in der Annahme, »Kollegen« vor sich zu haben. Doch dem ist nicht so: Die angeblichen Gangster sind in Wirklichkeit Polizeibeamte, angeführt von Mindas Gegenspieler Kommissar Blot (Paul Meurisse), die Minda erkannt und daraufhin diese Inszenierung in die Wege geleitet haben, wohl wissend, daß Minda sonst nichts verraten hätte. Bei Mindas Boß wird dann die Folter angewandt, eine mittelalterlich anmutende Tortur, bei der dem Mann mittels eines Trichters Wasser in den Hals geschüttet wird. Wasser statt Jauche, das ist der einzige Fortschritt seit dem Dreißigjährigen Krieg.

Le Samourai (Der eiskalte Engel, 1967) zeichnet dann wieder ein mehr konventionelles Vorgehen der Polizei und besticht hauptsächlich durch eine ungewöhnlich lange und aufwendig inszenierte Beschattungsaktion. *Le Cercle rouge* (Vier im roten Kreis, 1970) hat ebenfalls die »Bemühungen« der Gangsterseite im Zentrum des Geschehens, die Vorbereitung und detaillierte Ausführung des berühmten großen Coups, ist also im Grund ein »caper movie«. Kommissar Mattei (André Bourvil) stellt erst am Ende seine Falle auf, in der sich alle verfangen. Diesmal ist es allerdings ein simpler Verrat, verknüpft mit einer kleinen Erpressung, indem der Kommissar einen Hehler zwingt, als Ansprechpartner für die Gangster auszusteigen, und dann selbst in die Rolle des Hehlers schlüpft.

Un Flic (Der Chef, 1972) ist vermutlich der kälteste Film Melvilles, und Alain Delon gelingt als Chef-Fahnder Edouard Coleman der Pariser Kriminalpolizei eine brillante Charakterstudie über die Einsamkeit und Isolation des professionellen Menschenjägers. Coleman ist ein Mann, der sich keine Freundschaften mehr leisten kann und der allen anderen mit Mißtrauen und Verachtung begegnet, denn jeder könnte schuldig sein. Bestätigt wird diese Haltung Colemans durch seine Bekanntschaft mit dem Nachtclubbesitzer Simon (Richard Crenna), der zugleich in der Überfallbranche tätig ist, dem aber lange nichts nachzuweisen ist. Auch Coleman foltert ungerührt, und als schließlich der überführte Nachtclubbesitzer den Tod sucht, zögert Coleman nicht eine Sekunde, den (unbewaffneten) Mann niederzuschießen.

Nach einem Zwischenspiel als Untersuchungsrichter in *Les Granges brulées* (Die Löwin und ihr Jäger, 1973) gab Delon dann in *Flic Story* (Duell in sechs Runden, 1975) von Jacques

Der beste Gangsterfilm – Lino Ventura in ›Le Deuxième souffle‹

Deray einen erstaunlich menschlichen Kriminaler ab. Als Inspektor Roger Borniche, nach dessen Erinnerungen der auf authentischen Ereignissen beruhende Film entstand, geht er mehr mit psychologischer Raffinesse denn mit Brutalität vor, um den aus einer psychiatrischen Anstalt entwichenen Mörder Emile Buisson (Jean-Louis Trintignant) zu fassen. Folglich bezieht *Flic Story* seine Wirkung vor allem aus dem Schauspieler-Duell Delon kontra Trintignant, mit der Nachkriegszeit von 1947 bis 1950 als stimmungsvollem Hintergrund.
Sein Regiedebüt lieferte Delon 1981 mit *Pour la peau d'un flic* (Rette deine Haut, Killer), der Melville gewidmet ist. Als Ex-

Polizist und Privatdetektiv in Paris gerät Delon hier an einen Dealerring, der von einer Klinik aus operiert. Ein ganz passabler Einstieg, den er mit *Le Battant* (Der Kämpfer, 1982; da ist er wieder Gangster) allerdings nicht wiederholen konnte. Zum vorerst letzten Mal als (Ex-)Kommissar trat Delon 1985 in José Pinheiros *Parole de flic* (Der Panther) auf. Auf einer Insel vor der Küste des Kongo lebt Daniel Pratt (Delon) ein fröhliches Aussteiger-Dasein, bis ihn die Ermordung seiner Tochter in den Stadtdschungel von Lyon zurückführt. Er macht die Täter, eine Gruppe selbsternannter Ordnungshüter, ausfindig und unschädlich und treibt den eigentlich Verantwortlichen, einen ehemaligen Kollegen und Freund, in den Selbstmord. Anschließend kehrt er mit seiner zwischenzeitlich gewonnenen Geliebten auf die Insel zurück.

Den ersten Maigret-Film inszenierte niemand Geringerer als Jean Renoir. *La Nuit du carrefour* (Die Nacht an der Kreuzung, 1932) ist die erste Ermittlungsarbeit benannt, die Maigret interessanterweise jedoch nicht in Paris, sondern in der Provinz nördlich der Hauptstadt durchführt. Dort ist in einer kleinen Ortschaft ein Diamantenhändler aus Amsterdam ermordet worden. Die Spuren weisen zunächst auf den reichen Dänen Carl Andersen, der mit seiner Schwester Else (die aber gar nicht seine Schwester ist, sondern eine Prostituierte) in einer alten Villa wohnt. Maigret richtet sich nach ersten ergebnislosen Verhören in diesem Gebäude ein provisorisches Quartier ein und beginnt seine Arbeit.

Damit ist Maigrets Beruf und Berufung beinahe schon auf den Punkt gebracht. Denn dieser Kommissar arbeitet hauptsächlich vor Ort, er besucht die Zeugen, befragt Verdächtige und Außenstehende, geht in die Häuser derer, die mit dem Fall zu tun haben oder zu tun haben könnten. Er richtet sich im Milieu, im Umkreis des Tatorts, ein. Dabei ist er ungeheuer ruhig, fast ein Fels an Unerschütterlichkeit, die ideale Identifikationsfigur. Pierre Renoir, der Bruder des Regisseurs, ist der erste Maigret in einer Tradition, die bis heute nicht zu Ende ist. In *La Nuit du carrefour* etwa verdächtigt er systematisch jeden, der ihm begegnet. Nachdem noch eine Schieberbande im Dorf aufgetaucht ist, was zu einer wilden

Verfolgungsjagd führt, klärt Maigret den Fall auf. Er entlarvt einen Mechaniker, der in Carls angebliche Schwester Else verliebt war und ihretwegen den jüdischen Juwelenhändler ermordet hat.

Die Filme um Maigret sind geradezu liebevoll auf ihren Protagonisten zugeschnitten, der in mühevoller Detailarbeit und durch intensives Nachdenken seine Sache zu einem erfolgreichen Ende führt. Maigret ist kein »Bullenschwein«, er ist ein integrer Beamter, oft stur, aber immer hellsichtig und mit offenen Ohren. Die ersten Maigret-Filme nach Renoirs Meisterwerk – Julien Duviviers *La Tête d'un homme* und Jean Tarrides *Le Chien jaune* (beide 1932) – sind bei uns so gut wie unbekannt, ebenso die drei während des Zweiten Weltkrieges entstandenen Produktionen (alle mit Albert Prèjean): *Pic-*

Die Einsamkeit und Isolation des professionellen Menschenjägers –
Cathérine Deneuve und Alain Delon in ›Un Flic‹

pus, Cecile est morte und *Les Caves du Majestic* (1942–1944).
Erst in den fünfziger Jahren gewinnt Maigret erneut an Bedeutung, wieder in einer Trilogie, wieder in allen drei Fällen von ein und demselben Darsteller verkörpert. Diesmal jedoch ist der Name des Schauspielers, der sich die Figur Maigrets zu eigen macht, Jean Gabin. Und Jean Gabin ist wahrscheinlich für alle Zeiten derjenige, der das Bild Maigrets, so wie wir es heute kennen und auch schätzen, geprägt hat. Der massige Gabin und der unverrückbare Maigret, das ist schon eine Begegnung der ganz besonderen Art, in einem gewissen Sinn die filmisch-darstellerische Anverwandlung eines im Grunde eher literarischen Mythos.

Gabin drehte zunächst, unter der Regie von Jean Delannoy, *Maigret tend un piège* (Kommissar Maigret stellt eine Falle, 1957), dann, wieder unter Delannoy, *Maigret et l'affaire Saint-Fiacre* (Maigret kennt kein Erbarmen, 1959) und 1963, unter der Regie von Gilles Grangier, *Maigret voit rouge* (Kommissar Maigret sieht rot). Simenon selbst, der einst Pierre Renoir für den idealen Maigret hielt, fand jedoch auch für Gabin bewundernde Worte.

In *Maigret tend un piège* ist der Pariser Kommissar mit einer Reihe von bestialischen Frauenmorden befaßt, die von einem offensichtlichen Triebtäter begangen werden und die ein ganzes Stadtviertel beunruhigen. Maigret ermittelt in den umliegenden Wohnungen, erfährt viel von den Kindern des Viertels und bringt schließlich eine Falschmeldung in Umlauf, die aussagt, daß der Täter gestellt worden sei. Und so kommt er dem sich sicher glaubenden Mann, einem impotenten Ödipus, auf die Spur. Kaum hat er ihn jedoch hinter Gittern, geschieht der nächste Mord. Doch der ist von der Frau des Mörders begangen worden, um den Verdacht von ihrem Mann zu lenken.

Delannoy inszenierte diese klassische Kriminalkonstruktion sehr spannend und mit viel Einfühlungsgabe für atmosphärische Details, filmisch beinahe ebenso sorgfältig wie Maigret bei der Arbeit. Der fährt im nächsten Film, *Maigret et l'affaire Saint-Fiacre,* in die Provinz, um die alte Comtesse de Saint-Fiacre, die er jahrelang nicht gesehen hat, zu besuchen.

Der Pantoffelkommissar bei der Aufklärung – Jean Gabin in ›Maigret voit rouge‹

Anlaß der Reise ist eine anonyme Morddrohung, die die alte Dame erhalten hat. Als Maigret eintrifft, wird er als Antiquitätenhändler ausgegeben. Während einer Messe stirbt die Gräfin an einem Herzinfarkt. Der Grund: Sie hat eine fingierte Nachricht über den Selbstmord ihres Sohnes erhalten. Maigret gibt daraufhin seine falsche Identität auf und findet so einiges über die Vermögensverhältnisse der Gräfin heraus. Er organisiert ein Diner mit allen, die in den Fall verwickelt sind, und entlarvt den Täter: Es ist der Sohn des Gutsverwalters, der den Verdacht auf den vorgesehenen Erben lenken wollte, um selbst an das Vermögen zu gelangen.

Maigret voit rouge spielt wieder in Paris. In der Nähe des Place Pigalle wird ein Mann auf offener Straße niedergeschossen. Als die Polizei erscheint, ist die Leiche verschwunden. Maigret geht an die Arbeit, aber es gibt keine Spur, keine Hinweise auf Täter oder Opfer. Ein Zufall führt ihn in das Bowling-Center »Manhattan« im Süden der Stadt. Dort konzentriert sich seine Aufmerksamkeit zunächst auf die junge Lilli (Françoise Fabian), die jeder Frage ausweicht und anscheinend die Gesellschaft fragwürdiger Ehrenmänner sucht. Maigret setzt ein paar Ganoven unter Druck, die schließlich auspacken: Der Ermordete scheint das Opfer eines Machtkampfes zwischen rivalisierenden amerikanischen Gangstern geworden zu sein, die ihren Tätigkeitsbereich nach Frankreich verlegt haben. Ein amerikanischer Diplomat, den er um Rat gebeten hatte, mahnt ihn, nicht Kopf und Kragen zu riskieren. Doch Maigret kennt ausnahmsweise einmal keine Geduld. Er will nicht warten, bis die Banden sich gegenseitig vernichten und ihn als Zugabe erledigt haben. Ohne Rückendeckung, eine Seltenheit in jenen Jahren, geht er gegen die Gangster vor. Obwohl vor seinen Augen die Schlüsselfigur erschossen wird, gelingt es Maigret, in einer tollkühnen Aktion einen verheerenden Schlag gegen die Unterwelt zu führen.

Maigret mit dem Revolver in der Hand ist eine Seltenheit, doch ein deutlicher Hinweis auf die zunehmende Rolle, die amerikanische Methoden spielen werden. Natürlich ist der Pantoffelkommissar, wie er einmal genannt wird, ein Anachronismus, und die Welt Simenons hat in den sechziger Jahren für den Polizeifilm weitgehend ausgedient. Gabin spielt in *Le Pacha* (Der Bulle, 1967) wiederum einen Kriminaler, diesmal aber actionorientierter. Als Kommissar Joss nimmt er sich eines spektakulären Falles an und löst die Sache mit ganz persönlicher Handschrift.

In Paris wird am hellichten Tag ein Juwelentransport überfallen, und in der Folgezeit findet man mehrere Männer, die für die Beteiligung an dem Coup in Frage kommen, ermordet auf. Inspektor Gouvion, ein Freund von Joss und für die Sicherheit des Transportes verantwortlich, wird auch noch erledigt. Dafür findet Joss etwas anderes heraus: Gouvion war nicht der ehrliche Polizeibeamte, für den man ihn stets gehalten hat. Die Bestätigung findet er bei Nathalie (Dany Carrel), der Freundin Gouvions und Schwester eines der umgebrachten Gangster.

Ein wenig wie Maigret entwickelt Joss nun einen ausgekochten Plan. Mit Nathalies Hilfe findet er Kontakt zur Unterwelt und vermittelt einer Bande einen angeblich todsicheren Tip für den Überfall auf einen Postzug. Joss ist überzeugt davon, daß der Gangster Quinquin, einer der gefährlichsten Verbrecher des Landes, der Drahtzieher hinter dem Raubüberfall auf den Juwelentransport war und auch Gouvion umgebracht hat. Und er geht davon aus, daß Quinquin mit allen Mitteln versuchen wird, der anderen Bande die Beute wieder abzujagen. Tatsächlich gehen die Gangster beider Seiten in die Falle und werden von der Polizei oder von den Männern der jeweils anderen Bande unschädlich gemacht, was Joss als stiller Beobachter auskostet. Am Ende des temporeichen Polizeifilms bleibt Joss, der Quinquin stellt und, lange vor *Dirty Harry,* kaltblütig Selbstjustiz übt. Mit dem Begleichen dieser persönlichen Rechnung kann er zugleich das Versagen Gouvions vertuschen.

Mit ähnlichen Mitteln bringt Gabin in Denys de la Patellières *Le Tueur* (Der Killer und der Kommissar, 1971) den gemeingefährlichen Killer George Gassot (Fabio Testi) zur Strecke. Das Geschehen pendelt zwischen Paris und Marseille, und Gabins Kommissar Le Guen hat es mit technokratischen Vorgesetzten zu tun, die allein dem Computer vertrauen. Den tollwütigen Killer, ein Typ wie Scorpio aus *Dirty Harry,* kann Le Guen in einem kleinen Landhotel stellen, doch Gassot, in die Enge getrieben, begeht Selbstmord.

Doch so verschieden von ihren amerikanischen Kollegen, wie es auf den ersten Blick vielleicht aussehen mag, sind die französischen Bullen nicht. Hier wie dort geht es um die Anwendung des Legalitätsprinzips, um die Verhältnismäßigkeit der Mittel, mit denen dem Verbrechen Einhalt geboten werden soll. Hier wie dort stellt man Fallen, vertraut man auf das System der Spitzel und Verräter, geht man Informationen zwielichtiger Barbesitzer oder bedrohter Prostituierter nach. Und hier wie dort wird irgendwann ein Punkt erreicht, an dem die reine Polizeiarbeit (mit den Gesetzen bzw. der Verfassung als Rahmen) nicht mehr ausreicht, Recht und Ordnung zu sichern oder wiederherzustellen. In diesen Fällen machen sich auch die Pariser Kommissare rasch die Hände schmutzig, wenn sie Selbstjustiz üben oder bei Verhören Foltermethoden anwenden.

Diese Art verschärfter Prozedur (der dritte Grad) spielt seit Kriegsende eine durchgehende Rolle. Am Anfang steht Henri-Georges Clouzots Meisterwerk *Quai des Orfèvres* (Unter falschem Verdacht, 1947). Der Titel benennt das Hauptquartier der Kriminalpolizei in Paris auf dem Quai des Orfèvres. Hier werden Verdächtige oder dingfest gemachte Täter in einer Weise verhört, die zunächst nur ein etwas hartes Durchgreifen oder Einschüchtern darstellt, die aber zunehmend in reine Folterungen übergeht, Schläge, Rippenstöße und schließlich Schockbehandlungen inklusive. In *Quai des Orfèvres* ist dies noch relativ zurückhaltend, wird aber in der Folgezeit rapide zunehmen, sieht man einmal von den Maigret-Filmen ab.

Was *Quai des Orfèvres* jedoch zu dem Meisterwerk macht, als das es heute gilt, ist seine dem Film Noir ähnliche pessimistische Grundhaltung und die konsequente Dramaturgie, mit der Clouzot einen klassischen Whodunit als soziale Studie anlegt. Der Film beginnt im Künstlerviertel: Eine junge Sängerin nimmt eine Einladung zu einem privaten Diner bei einem Impresario an. Ihr Mann (Bernard Blier) erfährt davon und will die beiden in flagranti ertappen, doch statt dessen findet er den Impresario ermordet vor. Er flüchtet zu einer Freundin seiner Frau, die zum Schauplatz des Verbrechens zurückkehrt, um ein verlorenes Schmuckstück zu suchen. Die Untersuchung des Falles führt Kommissar Antoine (Louis Jouvet), der schnell all die Lügen durchschaut und den Mann wegen Mordes verhaftet. Der versucht daraufhin, sich im Ge-

Ein klassischer Whodunit als soziale Studie – Bernard Blier (2. v. r.) in ›Quai des Orfèvres‹

fängnis umzubringen. Antoine ist jedoch mit dieser allzu einfachen Lösung nicht zufrieden und ermittelt weiter. Aber auch die Frau des Verdächtigen ist unschuldig, wie er herausfindet. Mit ihrem Geständnis hatte sie ihn nur decken wollen. Antoine stellt als Täter schließlich einen Einbrecher, der von dem Impresario überrascht worden war.

Die Geschichte von *Quai des Orfèvres* verläuft also nach bewährtem Muster, doch der eigentliche Schwerpunkt ist die Arbeit Antoines, der in die verschiedensten Gesellschaftsschichten eindringt und überall auf Angst, Mißtrauen und Vorurteile stößt. Dies gibt Clouzot Gelegenheit, die Personen genauestens zu charakterisieren, aus ihren Verhaltensweisen zurückzuschließen auf ihre geheimen oder offensichtlichen Motive und Wünsche. Nicht zuletzt deshalb erhielt er bei den Internationalen Filmfestspielen 1947 in Venedig den Regiepreis.

Ein ähnlich verbissener Kommissar wie Antoine, der in abgerissenen Klamotten herumläuft (der Ausdruck ist wirklich angemessen), was für die Zeit von 1947 nicht verwundert, ist Jean Gabin in Henri Decoins *Razzia sur la Chnouf* (Razzia in Paris, 1954). Als Henri Ferré, den man den »Mann aus Nantes« nennt, dringt dieser Kommissar (was erst gegen Ende des Films deutlich wird) als eine Art Undercover-Agent in die Unterwelt ein. Er läßt sich von einem Gangsterboß anheuern und organisiert die Verteilung von Rauschgift, Heroin, das in den Hinterzimmern einer Bar zum Verkauf vorbereitet wird. Je länger Ferré für die Gangster arbeitet, desto mehr von ihnen landen plötzlich hinter Gittern. Das ist natürlich mehr als verdächtig, und so wird Ferré in der Villa des Gangsterbosses demaskiert. Im letzten Augenblick wird er von seiner Freundin und der Polizei gerettet.

Razzia sur la Chnouf ist im Prinzip ein Gangsterfilm, da Gabins wahre Identität erst sehr spät gelüftet wird. Die Mehrzahl der in den fünfziger und sechziger Jahren entstandenen Kriminalfilme behielt diese Perspektive als ergiebiger für Milieuzeichnung und Atmosphäregewinnung bei. Nur wenige davon sind reine Polizeifilme. Viele sind Mischformen, die überraschend die Blickwinkel wechseln und mit jenem Seitenwechsel spielen, den die Arbeit mit dem Verbrechen mit sich bringt. Schließlich und endlich ist das Terrain der Illegalität wesentlich ergiebiger in der Darstellung, sind die Handlungen dort doch vielschichtiger, die Auseinandersetzungen direkter, die Konsequenzen endgültiger. Die auf Polizeirevieren ausgeübte Gewalt zählt wenig im Vergleich zu einer Welt, »voll von Türen, durch die jederzeit ein paar Pistolenkugeln kommen können« (David Thomson). Oder wie Melville es formuliert hat: »Tragödie, das ist heute der plötzliche Tod, der einen in der Unterwelt ereilen kann, oder in besonderer Zeit wie im Krieg.« Einer, der für diese Grenzgänge bekannt, beliebt und bestimmend wurde, ist neben Gabin Lino Ventura, der in *Touchez pas au Grisbi* (Wenn es Nacht wird in Paris,

1953), einem reinen Gangsterfilm, debütiert hatte. In *Razzia* spielt er einen psychopathischen Gangster (»Der Katalane«), der bei einem Feuergefecht getötet wird.

Ventura ist bereits 1957 in Louis Malles *Ascenseur à l'echafaud* (Fahrstuhl zum Schafott) der ermittelnde Kommissar Cherier, der im letzten Drittel dieser Geschichte um einen scheinbar perfekten Mord den Fall löst. Ventura ist skeptisch, zieht mürrisch die Augenbrauen hoch und kennt die Wahrheit, bevor er die Täter (ein zweiter Mord hat sich dazugesellt) mit Fotos konfrontiert, die ihre Alibis zerstören. Im selben Jahr noch ist er der Assistent von Gabin in *Maigret tend un piège*.

Venturas Bullen-Figuren sind hartnäckig bis zur Brutalität, aber essentiell ehrbar, rauh, aber herzlich. Und in mehr als einer Hinsicht sind sie Spiegelbilder der Gangster. So auch in dem einzigen Film, in dem Ventura neben Gabin und Alain Delon auftrat: *Le Clan des siciliens* (Der Clan der Sizilianer, 1969) von Henri Verneuil, der wiederum überwiegend ein Gangsterfilm ist, wenn auch ein etwas opernhafter, aufgebläht mit sizilianischem Gerechtigkeitssinn. Eine Pariser Gangsterbande unter Führung von Gabin unternimmt mit Hilfe eines entflohenen Sträflings (Delon) einen tollkühnen Coup und entführt in Kooperation mit der US-Mafia ein Flugzeug, in dem kostbare Edelsteine transportiert werden. Ventura spielt den Kommissar Le Goff, der in den wenigen Szenen, in denen er auftritt, mit einer »kalten« Zigarette im Mundwinkel herumläuft und mit seinen Mitarbeitern ziemlich barsch umspringt. In der Schlußszene dieses durch die Besetzung und die Musik von Ennio Morricone berühmt gewordenen Klassikers, der auch beim Publikum sehr erfolgreich war, verhaftet Ventura Gabin in dessen Spielautomatenwerkstatt. Diese letzte Begegnung ist ein Muster für die Präsenz dieser Schauspieler, denn es fällt kaum ein Wort, Gesten und Mimik deuten in vielsagender Sparsamkeit an; das Bild erzählt.

Venturas beste Rolle als Kommissar folgte ein Jahr später in José Giovannis *Dernier domicile connu* (Der Kommissar und sein Lockvogel, 1970). Wegen seiner angeblich zu rüden Methoden wird Kommissar Leonetti in ein kleines Pariser Polizeirevier strafversetzt; in Wirklichkeit handelt es sich um eine Intrige »von oben«, weil er den betrunkenen Sohn eines prominenten Anwalts am Steuer verhaftet hatte. In der neuen Umgebung besteht die Arbeit zunächst aus Routineaufträgen und Kleinkram. Als Leonetti die Assistentin Jeanne (Marlène Jobert) zugeteilt wird, geht er Sittlichkeitsdelikten nach. Das erfolgreiche Gespann arbeitet in Sex- und Pornokinos: Hat sich einer der Besucher an Jeanne herangemacht, greift Leonetti zu.

Eines Tages erhalten die beiden einen scheinbar unmöglichen Auftrag. Sie sollen innerhalb weniger Tage einen Zeugen ausfindig machen, der vor Gericht als Kronzeuge gegen einen berüchtigten Gangsterboß aussagen soll. Doch der Mann ist seit fünf Jahren verschwunden, untergetaucht. In mühseliger Kleinarbeit, die häufig in Sackgassen endet, gelingt es den beiden dennoch, ihm nach und nach auf die Spur zu kommen. Dabei werden sie von Gangstern verfolgt, die ein ganz anderes Interesse an der Ermittlung Leonettis haben, die den Zeugen zum Schweigen bringen wollen. Leonetti und Jeanne finden den Mann tatsächlich, der sich seiner kleinen, kranken Tochter wegen verborgen gehalten hat. Doch nach der Aussage wird die Bewachung brüsk abgezogen, dem Mann bleibt keine Chance: Auf dem Nachhauseweg wird er vor den Augen seiner Tochter erstochen. Jeanne quittiert daraufhin desillusioniert den Polizeidienst. Sie kann es nicht akzeptieren, daß die Polizei angeblich keine Anweisung hatte, den Zeugen weiter abzusichern. »Braucht die Polizei erst einen Befehl, um die Leute zu schützen?« fragt sie naiv. Leonetti dagegen macht weiter, scheinbar unberührt. Doch diese Einstellung, zweckbezogen und sachlich, ist für Leonetti die einzige Chance, den Job zu überleben.

Dernier domicile connu ist nicht zuletzt deshalb einer der besten Polizeifilme, weil er weder eine Verklärung noch eine Verteufelung der Polizeiarbeit im Sinn hat. Giovanni, der auch die Romanvorlagen für einige Gangsterfilme und für Jean-Pierre Melvilles *Le Deuxième souffle* (Der zweite Atem, 1966) lieferte, inszeniert betont unspektakulär und gewinnt einigen Reiz aus der Konstellation seines ungleichen Paares, und nicht nur, weil die Idealistin Jeanne dem Profi Leonetti buchstäblich nachlaufen muß, um mit ihm Schritt zu halten. Wie in den besten Beispielen des Genres ist der Film auch eine Erkundungsreise durch eine Stadt, und tatsächlich hat man Paris selten so unromantisch und abweisend gesehen wie auf dieser kuriosen Odyssee.

Michel Piccoli als Max ist im Vergleich zu dem besonnenen Leonetti an einem Punkt angelangt, an dem die Polizeiarbeit zum Selbstzweck, zur Manie wird. In *Max et les ferrailleurs* (Das Mädchen und der Kommissar, 1970) von Claude Sautet begegnet er per Zufall einem alten Kriegskameraden, der sich als Schrotthändler und mit einigen kleinen Gaunereien, die niemandem wirklich schaden, über Wasser hält. Max, von

Weder Verklärung noch Verteufelung der Polizeiarbeit – Lino Ventura (r.) in ›Dernier domicile connu‹

der Idee besessen, Kriminelle möglichst auf frischer Tat zu ertappen, brütet einen perfekten Plan aus. Er selbst wird Ort, Zeit und das vorgesehene Verbrechen liefern, auf die Täter warten und dann zupacken und sie »einsacken«.

Also beginnt Max im Hintergrund zu agieren und bedient sich der schönen Lilly (Romy Schneider), einer Gelegenheitsprostituierten und Freundin seines Kameraden, um an die Bande der Schrotthändler heranzukommen. Als vermeintlicher Bankier erwähnt er beiläufig ein paar Dinge, die Lilly nicht überhören kann. Tatsächlich gelingt sein Vorhaben, die Bande geht in die vorbereitete Falle. Doch inzwischen hat sich Max in Lilly verliebt, und als ein übereifriger Kollege auch sie verhaftet, erschießt er ihn kurzerhand. Sautets Film lebt vor allem durch die Charakterstudie von Michel Piccoli, der als vereinsamter und obsessiver Bulle mit seinem Wahn lebt und sich immer mehr darin verstrickt, bis es keinen Ausweg mehr gibt.

Weit gefährlicher noch als Piccoli wird Michel Bouquet in Yves Boissets *Un Condé* (Ein Bulle sieht rot, 1970). Auf der Flucht vor zwei Kripobeamten tötet der Gangster Viletti (Michel Constantin) einen der beiden. Inspektor Favenin (Bouquet), der andere, geht bei seinen nachfolgenden Ermittlungen nicht sachlich und mit legalen Mitteln vor, sondern wie jemand, der sich auf brutale Weise rächen will. Um Viletti aufzustöbern, zwingt er potentiellen Mitwissern Geständnisse ab und erschießt mit eisiger Gemütsruhe eines seiner Opfer mit einer Pistole, auf die er vorher einen Schalldämpfer geschraubt hat. Viletti geht ahnungslos in die Falle, und Favenin tötet ihn erbarmungslos. Sein Vorgesetzter deckt ihn zwar anfangs, damit die Polizei in der Öffentlichkeit gut dasteht, schiebt ihn aber kurze Zeit später ab. Favenin schreibt ein Geständnis, aber es bleibt offen, was weiter mit ihm geschieht. Am Ende sitzt er allseits isoliert in seinem Ferienhaus, vor die Wahl gestellt, Schande über die Polizei zu bringen oder halbwegs ehrenhaft Selbstmord zu begehen.

Boissets für damals sehr brutaler Polizeifilm löste wegen seiner Kritik an den Methoden der Polizei einen Sturm der Entrüstung aus. Dabei hatte er nur weitergeführt, was Melville in

Der Bluthund in Aktion – Lino Ventura in ›Adieu poulet‹

Le Deuxième souffle angedeutet hatte: Die Polizei foltert. In *Un Condé* sieht man den blutüberströmten Körper eines Verdächtigen an der Wand des Verhörzimmers hängen.

Derartige Szenen sind die Ergänzung zu einem thematischen Erzählstrang, der sich mit Korruption im Lager der Polizei beschäftigt. Dem steht zunächst ein integrer und aufrechter Kriminalkommissar in Gestalt von Lino Ventura gegenüber. In *Adieu poulet* (Adieu Bulle, 1975) von Pierre Granier-Deferre ist er in einer Provinzstadt tätig, von denen, die er in den Knast gebracht hat, respektvoll »Bluthund« genannt. Dieser Verjeat legt sich mit dem skrupellosen Lokalpolitiker Lardatte (Victor Lanoux) an, der wahrscheinlich für etliche Terroraktionen verantwortlich ist: Bei einer Nacht-und-Nebel-Aktion töteten Lardattes Männer einen Plakatankleber der

›Adieu poulet‹ – Lino Ventura

Gegenpartei. Aber da Verjeat die entscheidenden Beweise fehlen, kommt die Untersuchung nicht voran. Daraufhin dringt der Vater des Ermordeten mit Gewalt in das Rathaus ein, um Lardatte zur Rechenschaft zu ziehen. Verjeat verschafft sich Zugang zu dem Eindringling und gibt dem aufgebrachten Mann dann Gelegenheit, seine Anschuldigungen über den Lautsprecher des Polizeiwagens der Menge auf dem Rathausplatz mitzuteilen. Damit ist Verjeat beruflich erledigt. Auf Betreiben Lardattes steht seine Versetzung in eine andere Stadt an. Doch mit Unterstützung seines cleveren Assistenten (Patrick Dewaere) bringt er sich selbst in Korruptionsverdacht, um seinen unfreiwilligen Abgang hinauszuschieben und die Ermittlungen gegen Lardatte fortführen zu können. Dieses Vorhaben gelingt auch, und der Zweikampf endet höchst ungewöhnlich und zynisch. Verjeat stellt einen der Killer, doch dieser flüchtet sich in das Haus Lardattes (seines »Arbeitgebers« also), nimmt diesen als Geisel und verlangt von Verjeat, als Unterhändler zu fungieren. Verjeat weigert sich (Lardatte ist durch diesen Zwischenfall als Kommunalpolitiker ohnehin am Ende) und geht einfach davon, läßt alle Beteiligten im Regen stehen.

Seine letzte Rolle als Polizeibeamter spielte Ventura 1981 in Claude Millers *Garde à vue* (Das Verhör). Ausschließlich im Studio gedreht, ist dieser Film mehr ein Psycho-Duell und

Korruption im Lager der Polizei – ›Adieu poulet‹

131

weniger ein an Ermittlungen orientierter Polizeifilm. In der Silvesternacht bittet Kommissar Gallien (Ventura) den Notar Martinaud (Michel Serrault) in sein Büro, um ein paar Unklarheiten in zwei Schwerverbrechen aufzuklären. Zwei Mädchen sind auf entsetzliche Weise ermordet worden. Martinaud fühlt sich durch den rauhen Ton Galliens und den zynischen Spott von dessen Assistenten (Guy Marchand) in die Enge getrieben und verfängt sich in Widersprüchen. Als Ausweg flüchtet er sich in sarkastische Sprüche und erweckt dadurch erst recht bei Gallien den Eindruck, daß er der Mörder sein könnte. Daraufhin setzt ihm Gallien noch mehr zu. Als dann sogar Martinauds Frau ein Indiz für die mögliche Schuld ihres Mannes beibringt, bricht Martinaud zusammen und legt ein Geständnis ab. Doch noch in derselben Nacht wird zufällig der wahre Täter ermittelt, Martinaud freigelassen. In seinem Auto findet er seine Frau vor, die Selbstmord begangen hat. Millers Psychostudie ist von der Anlage her ein Kammerspiel für zwei exzellente Schauspieler, mit Ventura als einem Kommissar, der so im französischen Polizeifilm längst nicht mehr üblich war. Mitte der siebziger Jahre hatte die »Mülltonnen-Ästhetik« der Copfilme der Nixon-Ära auch auf Paris übergegriffen, bestimmte der Einsatz vor Ort, mit Mitteln, die gerade zur Hand waren, das Vorgehen der Polizei. An die Stelle des korrekt gekleideten, beinahe allmächtigen, aber doch immer etwas steif und unnahbar wirkenden »Monsieur le Commissaire« trat ein neuer Typus von meist jüngeren, betont lässig und forsch auftretenden Beamten, bekleidet mit Jeans und Windjacken, schwer bewaffnet wie ihre amerikanischen Vorbilder. Die schwerwiegendste Folge davon war, daß die bislang nur in Bürostuben und Verhörzellen ausgeübten Brutalitäten in die Öffentlichkeit überschwappten, actionreiche Materialschlachten den Normalbürgern ein ganz neues »Sicherheitsgefühl« bescherten.

Ein Vorläufer dieser Entwicklung ist Jean-Paul Belmondo, der in seiner ersten Rolle als Kommissar in *Peur sur la ville* (Angst über der Stadt, 1974) von Henri Verneuil ausgesprochen ungewohnte und unkonventionelle Wege einschlägt. In Paris geht ein Frauenmörder um, der seine Opfer erst telefonisch bedroht und dann zuschlägt; Belmondo setzt sich auf die Spur des Killers und verfolgt ihn in wilder Hatz in der Metro, in Kaufhäusern und über den Dächern von Paris, stellt nebenbei einen lange gesuchten Bankräuber. Natürlich bleibt der Killer auf der Strecke, und dazu die Realität, denn der Film war mehr ein Vehikel für Belmondos akrobatische Kunststücke als ein ernster Polizeifilm, obwohl die Botschaft auch hier lautet: Mörder müssen erledigt werden, am besten ohne langwieriges Gerichtsverfahren und Einmischung seitens irgendwelcher Psychiater.

Ein ähnliches Erscheinungsbild wie Belmondo pflegten in der Folgezeit Patrick Dewaere als Untersuchungsrichter in *Le Juge Fayard dit le Sheriff* (Der Richter, den sie Sheriff nannten, 1975) von Yves Boisset und Yves Montand als Kommissar in *Police Python 375* (1975) von Alain Corneau. Dewaere kommt einer Verschwörung von Unterwelt, Behörden und hohen Politikern auf die Spur und handelt (wie schon der Filmtitel anführt) eigentlich wie ein Polizist, begibt sich selbst in Gefahr. Trotz einiger Warnungen ermittelt er weiter und wird schließlich vor seinem Haus niedergeschossen. Montand als Kommissar Ferrot gerät in die Zwickmühle, als er den Mord an einer jungen Frau aufklären soll, die seine wie auch zugleich die Geliebte seines Chefs gewesen ist und für deren Ermordung nur der andere in Frage kommt. Erst in allerletzter Minute kann der vereinsamte Bulle das Netz der Intrigen und falschen Verdächtigungen, das sein Vorgesetzter gegen ihn ausgeworfen hat, durchschlagen und sich rehabilitieren.

Belmondo wiederum tritt in *Flic ou voyou* (Der Windhund, 1979) von Georges Lautner in den verschiedensten Garderoben auf, meist mit Lederjacke. Eines Tages wird die Leiche eines Kommissars bei einer Prostituierten gefunden. Der Polizeichef kann den beiden in Frage kommenden Gangsterbossen nichts nachweisen und setzt deshalb seinen besten Mann auf sie an: Stan Borowitz bedient sich der Mittel eines Gangsters und leistet mit ungewöhnlichen Methoden eine ungewöhnliche Aufklärungsarbeit. Zu seinen »Utensilien« gehört – das Ganze ist als Komödie angelegt – ein Bugatti. Als Stans

Tochter von den Gangstern entführt wird, greift er durch. Ähnlich unüblich, doch ungleich brutaler wird Belmondo in Jacques Derays *Le Marginal* (Der Außenseiter, 1981), in dem er als Kommissar einem Pariser Rauschgifthändler nachstellt.

Die totale Amerikanisierung hinsichtlich neuer Berufskleidung, Methoden und Verhalten der französischen Polizisten wird in *La Balance* (La Balance – Der Verrat, 1982) von Bob Swaim deutlich. Kommissar Palouzi (Richard Berry), Chef einer in den Pariser Stadtvierteln operierenden Spezialeinheit in Zivil, ist hinter den üblichen Kleingangstern und Prostituierten her und bedient sich dabei je nach Lage der Mittel seiner Gegenspieler. Nachdem sein wichtigster Spitzel ermordet wurde, zwingt er den Zuhälter Dédé (Philippe Léotard) und die Prostituierte Nicole (Nathalie Baye) zur Mitarbeit und setzt sie auf einen der Hintermänner (Maurice Ronet) der kriminellen Szene an. Heute schon berühmt ist jene Szene, in der es mitten im Verkehr auf einer belebten Straßenkreuzung zu einem chaotischen Feuergefecht zwischen Polizei und Gangstern kommt, das in ein Blutbad unter den Passanten ausartet. Derart blutiger Naturalismus war bis dahin nicht üblich und wirkte wie eine Verlängerung von *Dirty Harry*-Szenen nach Paris.

Ebenso ungewöhnlich, weil sie den entgegengesetzten Weg beschritt, wirkt Claude Zidis Komödie *Les Ripoux* (Die Bestechlichen, 1984): Hier wird ganz vergnüglich ein Bild der Polizei als Unternehmen zur einträglichen Selbstbereicherung gezeichnet. Philippe Noiret lernt einen jungen, anfangs widerspenstigen Kollegen (Thierry Lhermitte) in Sachen Korruption an: Hier ein kleines Bestechungsgeld, dort eine Lammkeule für das gnädige Vorbeischauen. Die Korrumpel (korrupt und Kumpel) geraten zwar letztendlich in eine Affäre, die eine Nummer zu groß für sie ist, doch Zidi gestattet den beiden ein märchenhaftes Ende und läßt sie ungeschoren davonkommen.

Derartige Kommissare sind natürlich um Welten entfernt von der Stilisierung, die etwa Jean-Pierre Melville noch in *Un Flic* (Der Chef, 1972) bevorzugt hatte, weswegen es gerade Alain

Delon schwerfiel, nach Melvilles Tod 1973 adäquate Rollen zu finden. Die neue Generation ist dagegen lockerer und findet immer einen Weg, das Gesetz zu ihrem Vorteil auszunutzen, hat keine Berührungsängste mehr. In *Les Spécialistes* (Die Spezialisten, 1984) von Patrice Leconte nehmen sich zwei Männer vor, das Casino von Cannes auszurauben. Einer von ihnen ist ein Polizist, der das Casino nur deshalb ausräumen will, weil er damit zwei rivalisierende Banden, die es als Geldwaschanlage benutzen, gegeneinander zu hetzen hofft. Doch es kommt anders, und nach erfolgtem Coup arrangiert er sich mit seinem Partner, und sie setzen sich mit der Beute ab. Völlig anders verfährt Kommissar Griffon (Claude Brasseur) in *La Crime* (Wespennest, 1983) von Philippe Labro, der hartnäckig wie einst Lino Ventura einer Spur nachgeht, die ihn in feinste Kreise führt. Griffon macht sich einen Spaß daraus, die Mächtigen vor den Kopf zu stoßen. Er wird leicht ausfallend und provoziert, wo er nur kann. Aber auch er wird bereits von oben überwacht, damit er keinen wirklichen Schaden anrichten kann.

In die Galerie unterschiedlicher Polizisten gehört als notwendige Ergänzung, wie schon mehrfach angeführt, auch der Ex-Bulle, der sich, aus welchen Motiven auch immer, von der Arbeit (und vom Leben) zurückgezogen hat, auf den hier leider aber nur am Rande eingegangen werden kann. Aber da beinahe jeder Protagonist des Kriminal- oder Action-Films in seiner Vergangenheit Polizist oder Soldat war (manchmal auch beides), würde eine konsequente Ausdehnung diesbezüglich den Rahmen dieser Arbeit sprengen. Ein Prachtexemplar dieser Dinosaurier ist Coluche als Lambert in *Tchao Pantin* (Am Rande der Nacht, 1984) von Claude Berri. Lambert vegetiert als Tankstellenwart vor sich hin, bis sich eine kleine Freundschaft mit dem Gelegenheitsgauner Bensoussan (Richard Anconina) entwickelt. Da wird Bensoussan eines Nachts vor seinen Augen umgebracht. Lambert (»Ich bin schon lange tot«) überwindet seine Lethargie, tut sich mit einer Freundin des Toten zusammen und sucht die Mörder, bis er selbst erschossen wird. Das hört sich vielleicht wie eines der üblichen Abrechnungsdramen an, ist aber vielmehr ein seltsam melancholischer, düsterer Bericht über einen, der einen Grund zum Sterben sucht.

Nicht heruntergekommen wie Lambert, sondern betont elegant tritt Michel Serrault in *On ne meurt que deux fois* (Mörderischer Engel, 1985) auf. Als Inspektor Staniland von der Pariser Mordkommission untersucht er den Mord an einem Musiker; ein Routinefall, wie es scheint. Im Verlauf seiner Ermittlungen wird er immer mehr von einer attraktiven Frau angezogen (Charlotte Rampling), doch auch der Ermordete übt eine seltsame Anziehungskraft auf ihn aus. Die Frau gibt sich ganz ungeniert als Täterin zu erkennen und fängt gleichzeitig ein Verhältnis mit Staniland an, der seinerseits mehr und mehr in die Rolle des Ermordeten schlüpft, was es ihm ermöglicht, den Fall zu lösen und vollständig aufzuklären. Die Frau liefert er dennoch aus. Jacques Derays Psycho-Thriller ist im wesentlichen auf Serrault ausgerichtet, der hier einige seiner skurrilen Eigenarten als verschrobener Bürger präsentieren darf – nicht ohne Reiz und Sehvergnügen.

Mit Serrault in mehr als einer Beziehung verwandt ist Jean Poiret, der in zwei Filmen von Claude Chabrol den Inspektor Lavardin spielt. In *Poulet au vinaigre* (Hühnchen in Essig, 1984) und *Inspecteur Lavardin* (Inspektor Lavardin oder die Gerechtigkeit, 1985) klärt er Mordfälle in der Provinz, was Chabrol ausreichend Gelegenheit zu kritisch-satirischen Kommentaren über eine Bourgeoisie gibt, die in Heuchelei, Korruption, Verbrechen und Doppelmoral erstickt. In *Poulet au vinaigre* klärt Lavardin die Morde an einem Arzt, einem Notar und einem Schlachter auf und läßt einen Beteiligten, den Postboten des Dorfes, frei ausgehen. Ebenso in *Inspecteur Lavardin:* Diesmal manipuliert er Beweise, um die Stieftochter eines ermordeten katholischen Autors zu retten. Lavardin pickt sich als Schuldige die moralisch »unanständigen« Teilnehmer an den Komplotten heraus, genauso selbstherrlich wie einst Hank Quinlan in *Touch of Evil*. Wie beinahe jeder Kriminaler hat auch Lavardin, eine Art zynischer Maigret, einige Ticks: Sein Lieblingsessen sind Spiegeleier mit Ketchup, und er sammelt Zahnpastatuben.

Der weitaus interessanteste französische Bulle der letzten

Jahre ist jedoch Bernard Giraudeau als Simon Blount in *Poussière d'ange* (Engel aus Staub, 1986/87) von Edouard Niermans. Dieser Inspektor der Kriminalpolizei badet in Selbstmitleid. Seine Frau hat ihn verlassen, von den Kollegen wird er nicht ernst genommen, und so trinkt er übermäßig, kümmert sich wenig um sein Äußeres und schließt schon mal die Ausnüchterungszelle, in die er nachts eingeliefert wurde, von innen auf. Beruflich schlägt er sich mit Diebstählen in Supermärkten herum, bis er auf der Suche nach seiner Frau der jungen Violetta begegnet, einer, die sich ihr Leben zusammenlügt. Gleichzeitig ist er hinter dem Geheimnis einer rätselhaften Mordserie her, und natürlich hängen beide Geschichten eng miteinander zusammen. Blount findet die Wahrheit und entlarvt seinen Vorgesetzten als Mitschuldigen. Und er rettet Violette aus dem Dreck der Gosse und findet wieder zu sich und seiner Frau.

Poussière d'ange lebt von den in glänzenden Farben aufgenommenen nächtlichen Fahrten, die Blount unternimmt, und er erzählt meistens in Bildern; er zerredet seine Geschichte nicht und macht Gefühlszustände durch sparsame Gestik deutlich. Gleichzeitig läßt er seinen Personen ihr Geheimnis, den Räumen ihre Undurchdringlichkeit: wie die besten französischen Polizeifilme, ein wirklich schwarzer Film.

6. Mafia, wo steckst du?

Italien am Ende des Zweiten Weltkrieges war eine Nation, deren Wiederaufbau sich ganz im Gegensatz zur Bundesrepublik nicht zielstrebig und voller Optimismus für die Zukunft vollzog, sondern mit der dem Mittelmeerstaat eigenen kuriosen Mischung aus lässigem Müßiggang, Schlamperei und Unbekümmertheit. Irgendwie würde es schon weitergehen. Zunächst aber dachte man an sich selbst, an seine Familie und das leibliche Wohl. Arbeit war rar, Fahrräder waren ein Luxus – man denke etwa an Vittorio de Sicas *Lardi di biciclette* (Fahrraddiebe) – und Schwarzmarktgeschäfte Trumpf.

Gedreht wurden zunächst Alltagsdramen, in denen Laienschauspieler vor natürlichen Kulissen – der Schutthinterlassenschaft des Krieges – die sozialen Bedingungen reflektierten. Die Neorealisten Luchino Visconti, De Sica, Alberto Lattuada oder Roberto Rossellini schufen auf diese Weise in der ganzen Welt bewunderte Filmkunst. Zwischen die Sozialdramen, die allerdings manchmal erheblich sentimental gerieten, schob sich dann und wann ein Gangsterfilm, aber das war alles. Diese Banditen waren entweder kleine Robin Hoods oder, wie Vittorio Gassmann in *Riso amaro* (Bitterer Reis, 1949), vom amerikanischen Gangsterimage beeinflußte Imitatoren.

Kein Wunder, daß der erste Film, dem man das Etikett Polizeifilm zuschreiben kann, eine Mischung aus Gaunerkomödie und Posse ist und seinem Titel alle Ehre macht: *Guardie e ladri* (Räuber und Gendarm, 1951). Der in Italien vergötterte Komiker Totò spielt einen kleinen Gauner und Gelegenheitsdieb, einen, der es in seinem »Beruf« nicht gerade weit gebracht hat: Mit gefälschten römischen Doppelsesterzen, die er an amerikanische Touristen verhökert, bringt er seine Familie durch. Und da gibt es noch einen anderen, der nie Karriere machen wird, einen Vertreter des Gesetzes, den Brigadiere Bottoni (Aldo Fabrizi), der es wohl nie zum Commendatore der Carabinieri bringen wird.

Der gemütvolle Bottoni gerät an den nervösen Esposito

Zwischen Gaunerkomödie und Posse – Toto in ›Guardie e ladri‹

(Totò), als dieser vor dem Präsidenten eines Komitees, das amerikanische Care-Pakete verteilt, mit unterwegs aufgelesenen jungen Leuten auftaucht, um sie als seine Söhne zu präsentieren. Nur hatte Esposito dem Mann kurz zuvor einen gefälschten antiken Fund angedreht. Der erkennt ihn wieder, und los geht die Jagd. Im kältesten römischen Winter verfolgt der wohlbeleibte Brigadiere den spindeldürren Dieb durch die Bannmeile der Vororte. Diese Verfolgungsjagd ist das Herzstück des Films. Immer kaum zwanzig Meter auseinander, stets aus der Puste, hetzen sich die beiden Alten und geben sich nach wohlkalkulierten Ruhepausen Zeichen, wann es weitergehen soll. Gelegenheit auch für die Kamera, den zerfallenen Häusern, Wellblechhütten und Ruinen genügend Aufmerksamkeit zu schenken.

Irgendwann hat Bottoni Esposito tatsächlich arretiert, doch der entkommt wieder. Das eigentliche Drama setzt ein: Bottoni wird seinen Job verlieren, wenn er nicht innerhalb von drei Monaten den Flüchtigen wieder einfängt. Bottoni, nun in Zivil, macht die Adresse der Espositos ausfindig und geht taktisch klug vor, wie er meint. Er läßt seinen Sohn mit dem Junior des Gauners Freundschaft schließen, und bald gehen die Familien bei der jeweils anderen ein und aus. Bis zu dem Tag, als Esposito, der, stets auf Achse, den »Freund« nur vom Hörensagen kennt, ihm bei einer Familienfeier gegenübersteht. Doch inzwischen hat man sich liebgewonnen, und so sucht man mit allen Kräften nach einer Lösung, und man findet auch eine.

Der Polizist ist hier mehr ein wonniger Brummbär als ein hart auftretender Ordnungshüter, ein Schupo, kein Kriminaler. Aldo Fabrizi spielt ihn (wie Totò den Dieb) mit jenem Quantum versöhnlicher Sentimentalität, die andeutet, wie sehr man auf die Seele des Zuschauers aus ist, auf das Gemüt, das in der Räuber-und-Gendarm-Konstruktion die Würde und die Bürde beider Berufe erkennt.

Doch da gab es eine Organisation, die die Nachkriegsnot und die bevorstehenden Umwälzungen auf dem Wohnungsmarkt und in der Infrastruktur der Städte schnell erkannte und zu ihrem Vorteil ausnutzte. Die Mafia wurde – nachdem sie unter den Faschisten quasi »ruhiggestellt« worden war – in den fünfziger Jahren zunehmend zu einem das öffentliche Leben untergründig steuernden Faktor. Nach dem Vorbild und den Formen moderner amerikanischer Wirtschaftsunternehmen organisierten die Dons und Paten ein Netz, das Polizei, Justiz, Parteien, Standesorganisationen, Berufsverbände, die Verwaltung und die Behörden mit einbezog und kriminelle Aktivitäten in allen Lebensbereichen entwickelte.

Mit den amerikanischen Soldaten ins Land gekommen, steuerten Gangster wie Charles »Lucky« Luciano, zunächst von den Hafenstädten aus, ein lukratives Geschäft, das mit dem Verschieben gestohlener Ware begann, allmählich den ganzen Schwarzmarkt beherrschte und bald auch auf das Landesinnere übergriff. Auf Sizilien war die Mafia bereits seit der

Mitte des 19. Jahrhunderts Lenker und Garant der Sozial-
struktur, sprich: des bäuerlichen Lebens. Die von ihr bestimmte Agrarordnung wurde nun wieder reaktiviert und ga-
rantierte sozusagen für die Mafia-»Familie« den Nachwuchs,
den man brauchte, die »Soldaten«.

In den Städten sah es bald nicht wesentlich anders aus. Doch
konnte sich hier das kriminelle Leben zunächst noch ohne die
direkte Teilnahme der Mafia abspielen. Ein schönes Beispiel
dafür ist Pietro Germis *Un Maledetto imbroglio* (Unter glatter Haut, 1959). Germi selbst spielt den Kriminalkommissar
Ingravallo, der in Rom zwei Verbrechen aufklären soll, einen
Mord und einen Diebstahl. Ingravallo ist ein zäher, mürri-
scher, hagerer Typ, der für seinen Beruf lebt und jedermann
duzt, ein Mittel, etwa in Bürgerkreisen zu schockieren. Wortkarg und blitzgescheit kombinierend, ist dieser Polizist ein
(härterer) Maigret auf italienisch.

Wie in vielen Polizeifilmen dienen die Ermittlungen des
Commissario vor allem dazu, verschiedene Gesellschaftsschichten zu durchleuchten und hinter der Fassade bürgerli-
cher Wohlanständigkeit diverse Abgründe zu enthüllen. Ingravallo sagt selbst einmal: »Mir ist, als hätte ich von einem
Acker einen Stein aufgehoben und darunter ein Gewimmel
von Würmern entdeckt.« Das Schema – Mord, enervierende
Suche nach dem Täter und plötzliche Entlarvung – ist zwar
wohlbekannt, doch bringt Germi, der nach einem Roman
von Carlo Emilio Cadda selbst das Drehbuch schrieb, einige
interessante gesellschaftskritische Töne unter.

So spioniert in dem Mietshaus, das als Tatort dient, einer hinter dem anderen her, ist niemandem ein Privatleben ver-
gönnt, wird hemmungslos über andere hergezogen. Beinahe
alle Parteien zeigen charakterliche Schwächen: Der Geliebte
eines Homosexuellen stiehlt den Schmuck seines Freundes,
der Ehemann einer feinen Dame erweist sich als Betrüger,
und der Cousin der Familie ist ein mieser Gigolo, der sich mit
Erpressung und Psychoterror über Wasser hält.

In einer ihrer ersten Filmrollen ist Claudia Cardinale zu
sehen, die – sehr schön und sehr hitzig – das Dienstmädchen
Assunta, genannt Assuntina, spielt. Am Ende läuft sie hinter

dem Wagen der Carabinieri her, die ihren Freund, der sich als Täter entpuppt hat, ins Gefängnis bringen werden. Ingravallo seinerseits ist auch nicht gerade zimperlich: Er ohrfeigt schon mal, um Geständnisse zu bekommen. Andererseits ist sein Dauereinsatz, der keine geregelten Dienststunden kennt, ein kleines Hohelied auf die Polizei, die Tag und Nacht Verbrecher jagt.

Germis kleines römisches Panorama ist noch ein klassischer Krimi; Ingravallo löst seine Fälle, d. h., seine Integrität bleibt unangetastet, er überlebt seine Arbeit, es bleibt kein irritierender Nachgeschmack, politische Intrigen und Korruption spielen noch keine Rolle. In den sechziger Jahren dann begründete die Verflechtung krimineller Methoden und Akte der Mafia mit den angeblichen oder angenommenen Interessen der öffentlichen Verwaltung den Kriminalfilm neu und damit auch den Polizeifilm als Polit-Thriller. Parallel zu den Filmen, die etwa Costa-Gavras in Frankreich drehte (Z, 1968), entstanden in Italien ähnliche, nach dem Muster der Recherche konstruierte Fallgeschichten, die den Charakter des Mafia-Unwesens und die Hilflosigkeit der Behörden beschrieben. Vor allem die Namen des Romanciers Leonardo Sciascia und der Regisseure Elio Petri, Damiano Damiani und Francesco Rosi standen für jene Tendenz, die per Leinwand Aufklärung über gesellschaftliche Mißstände und Fehlentwicklungen versprach und diese allemal mit spannenden Krimimustern verband: Spurensuche im öffentlichen Labyrinth. Thematisiert wurde zunächst die Bindung der Mafia an die Landwirtschaft und die Interessengemeinschaft der Großgrundbesitzer. Leonardo Sciascia veröffentlichte 1961 und 1966 jene zwei Romane, die gnadenlos in diese Schlangengrube hineinleuchten: »Der Tag der Eule« und »Tote auf Bestellung«, wobei letzterer die wohl beste Detektivgeschichte überhaupt ist, unendlich überlegen den sentimentalen Clownerien eines Raymond Chandler & Co. Beide sind 1966 verfilmt worden: von Damiano Damiani und Elio Petri.

Charakteristikum der Sciascia-Werke: »Macht und Unterwerfung, Angst und Schweigen, solche Begriffspaare bestimmen die Geschichten. Die Macht wird offen und legal ausgeübt, von Politikern beispielsweise oder von Bauunternehmern, und sie wird illegal ausgeübt, mit Erpressung, Drohung, Gewalt. Für die Schmutzarbeit benützen diese Ehrenmänner arme Hunde, die von ihnen abhängig sind, oder bezahlte Gangster. Jeder weiß das, aber niemand tut etwas. Wenn sich einer gegen das Gesetz des Schweigens stemmt, dann meist ein Außenseiter« (Wilhelm Roth).

Dieses Gesetz des Schweigens, die *omertà,* wird in beinahe allen Fällen dazu führen, daß die Verbrechen unaufgeklärt bleiben. Die Mauer der Schweigsamkeit verhindert eine planvolle Enquete, so daß Neugierige, Nachforschende und Ermittelnde allzubald mit leeren Händen dastehen und froh sein können, wenn sie mit dem Leben davonkommen. In Petris *A ciascuno il suo* (Zwei Särge auf Bestellung), wörtlich: »Jedem das Seine«, ist der Außenseiter, von dem Roth spricht, noch kein Polizist, sondern ein Professore, ein Lehrer: Laurana (Gian Maria Volontè), der, wie es im Roman heißt, »viele Bekannte, aber keine Freunde« hat, geht den Spuren nach, die der Mord an dem Apotheker der Kleinstadt und dessen Freund Dr. Roscio (beide bei einem Jagdausflug erschossen) hinterlassen hat. Er entdeckt, daß der anonyme Brief, den der Apotheker kurz zuvor erhalten hatte, aus im »Osservatore Romano« abgedruckten Lettern zusammengeklebt wurde.

Laurana dringt in ein Netz krimineller Verstrickungen vor, das hohe politische und kirchliche Würdenträger umfaßt. Doch seine Neugier stört, er wird in eine Falle gelockt und verschwindet einfach von der Bildfläche, im Roman endet er lapidar »unter einem Schlackenhaufen in einer stillgelegten Schwefelgrube«; im Film wird er, halb betäubt, in eine Hütte in einem Steinbruch gesperrt, die kurz danach vom Schutt einer Sprengung begraben wird. Roman wie Film erzählen knapp und lakonisch, mit überraschenden Wendungen: Der Mord, so stellt sich heraus, ist tatsächlich aus eher privaten Motiven heraus geschehen. Zur Hochzeit der Witwe eines der Opfer (Irene Papas) erscheinen alle Ortsgewaltigen, die Mafiabosse inbegriffen. Und Laurana? Im letzten Satz des Romans heißt es: »›Er war ein Dummkopf‹, sagte Don Luigi.«

Je näher man der Mafia kommt, desto ungreifbarer wird sie. Das erfährt auch der aus Norditalien, »vom Festland« stammende Carabinieri-Offizier Bellodi (Franco Nero). In Damianis *Il Giorno della civetta* (Der Tag der Eule, 1966) untersucht er den Mord an dem sizilianischen Bauunternehmer Colasterna, der auf Befehl der Mafia mit der berühmten doppelläufigen Jagdflinte erschossen wurde, ein Requisit, das in fast allen Mafia-Filmen auftaucht. Bellodi, der zunächst gegen die übliche Mauer der Ablehnung anrennt, erfährt von einem Polizeispitzel (Serge Reggiani), daß Calosterna ein Opfer der Mafia wurde, weil er sich weigerte, mit der Organisation gemeinsame Sache zu machen und die üblichen Schwindeleien bei Bauaufträgen durchzuführen.

Einer zunächst verschlossenen jungen Frau (Claudia Cardinale), deren Mann Zeuge des Mordes war und der seitdem verschwunden ist, entlockt der charmante Bellodi einen Namen: den eines Gefolgsmannes von Don Mariano, dem Chef der lokalen Mafia (Lee J. Cobb). Bellodi setzt beide fest, aber das ist auch schon alles. Denn jetzt zeigt sich die wahre Macht der Interessengemeinschaften: Die Beschuldigten können sich ohne viel Mühe mit gekauften Zeugen und einer inszenierten Lügengeschichte aus der Affäre ziehen. Bellodi fehlen stichhaltige Beweise, sein Informant taucht erst als Leiche wieder auf. Er wird versetzt.

Don Marianos Residenz und das Polizeihauptquartier liegen einander gegenüber: natürlich als die Gebäude, die die Piazza, den öffentlichen Platz und Corso des Ortes, beherrschen. In der letzten Szene beobachtet Don Mariano mit dem Fernglas von seinem Balkon aus Bellodis Nachfolger und spottet, weil er sieht, mit was für einem »Blabla« er es in Zukunft zu tun haben wird. Sciascias extrem knappem Erzählstil entspricht in den Filmen eine vergleichsweise hastige Montage, die ein wenig von jener unerbittlichen Zwangsläufigkeit an sich hat, die sich im rasch und ohne Schnörkel inszenierten Szenenwechsel präsentiert. Sicher, die zynisch-spitzfindigen Dialoge Sciascias sind verkürzt, doch die Filme gewinnen, so Roth, gegenüber den Romanen an Anschaulichkeit.

Die ergibt sich durch die karge, rauhe Landschaft, die stets

›Il giorno della civetta‹ – Franco Nero und Claudia Cardinale

unter sengender Sonne liegt, von einer flirrenden Hitze heim-
gesucht wird und in ihrer Lebensfeindlichkeit spürbar wird,
erlebbar. Daraus entsteht eine eigentümliche Atmosphäre
aus Lethargie und potentieller Bedrohung, südlicher Gelas-
senheit und mörderischem Sommer. Frauenrollen, bei Sciascia eher indirekt präsentiert, werden durch Stars wie Claudia
Cardinale oder Irene Papas erweitert und sinnlich erfahrba-
rer, doch ist dieses (vielleicht unumgängliche) Zugeständnis
an den Kommerz nicht unbedingt von Nachteil. Es erlaubt,
die Gesetze des untergründigen Terrors, die Petri und Damiani vorführen, plastischer, einleuchtender zu machen,
Identifikationsfiguren (etwa den als *Django* bekannt gewordenen Franco Nero) einzuführen, die die durchwegs spannende Handlung (auch heute noch) durchschaubar machen.
Die Mafia als die Organisation, die die Gesetzlichkeit illega-
ler Geschäfte quasi garantiert, agiert nicht nur auf dem
Lande, sondern auch in den Metropolen, so in Damianis

Confessione di un commissario di polizia al procuratore della repubblica (Der Clan, der seine Feinde lebendig einmauert, 1970). Beide Titel, der originale (Geständnis eines Polizeikommissars gegenüber dem Staatsanwalt) wie der deutsche, tragen wesentliche Motive ihrer Erzählung deutlich vor: die italienischen Konfessionen wie die Mittel, mit denen sich die Mafia ihrer Gegner entledigt: Hier ist es Marilu Tolo, die von den Gangstern überwältigt und nackt in die Wanne mit Beton gelegt wird. Der Betonblock, in den sie eingegossen wird, ist ein nie wieder auffindbarer Teil eines Hochhauskomplexes: Die Sozialwohnungen bergen Leichen.

Das ist eine schön makabre Pointe dieses Films, in dem Martin Balsam als fanatischer Polizeikommissar Bonavia schonungslos und mit Selbstjustizmethoden gegen die Mafia vorgeht, weil er längst nicht mehr an die Möglichkeit glaubt, deren Verbrechen legal bekämpfen zu können. So sorgt er zu Beginn für die Flucht eines Patienten aus einer psychiatrischen Klinik, damit dieser einen Mordanschlag auf den Chef der lokalen Mafia, den Bauunternehmer Lommunno, unternehmen kann. Doch durch einen unvorhersehbaren Zufall scheitert das Attentat. Der junge idealistische Staatsanwalt Traini (Franco Nero), ein intelligenter Individualist (wie einst Bellodi), findet heraus, was Bonavia im Sinn hatte. Die Gespräche zwischen den beiden gehören zu den dichtesten Momenten des Films: Traini glaubt noch an die etablierten moralischen und ethischen Normen, Bonavia dagegen hat längst keine Illusionen mehr. Überzeugt von Trainis letztlich erfolglosen Ermittlungen, erschießt er eigenhändig Lommunno, der wiederholt trotz dringender Verdachtsmomente (Mord, Vergewaltigung, Bestechung) wieder freikommen konnte. Er kommt ins Gefängnis, dort wird er kurz darauf erstochen. Traini gelingt es zwar, Mitschuldige an den Bauskandalen der Öffentlichkeit zu präsentieren, doch wird seine Hauptzeugin (Marilu Tolo) einbetoniert. Er erkennt zwar den vollen Umfang der Korruption, doch er kann nichts unternehmen: Sein Vorgesetzter, Generalstaatsanwalt Malta, arbeitet mit der Mafia zusammen.

Mitte der siebziger Jahre dann hatte die Mafia ihren Machtbereich bis in alle wesentlichen Bereiche von Verwaltung und Politik ausgedehnt. Von nun an sollte sich ihre Funktion aufteilen: Zum einen gab es nach wie vor den Zweig, der sich mit den herkömmlichen Einnahmequellen wie Rauschgifthandel, illegalem Glücksspiel, Waffenhandel, Prostitution und Manipulationen im Bauwesen beschäftigte und als eine Art Exekutive bezahlte Killer und Schutzgeldkassierer unterhielt. Zum anderen aber drang die »ehrenwerte Gesellschaft« nun auch in die Bereiche der Finanzgesellschaften und Holdings vor, versuchte, sich einen respektablen Anstrich zu geben. Auf diese Weise konnte gleichzeitig eine »Geldwäsche« der Einkommen aus Menschenraub und Erpressung betrieben werden. Zum dritten unterwanderte die

Der desillusionierte Polizeichef im Clinch mit dem idealistischen Anwalt –
Martin Balsam und Franco Nero in ›Confessione di un commissario …‹

Mafia die Polizei und die Justiz und schaffte sich durch systematische Bestechung ein Heer von Spitzeln: die kriminelle Rückversicherung.

Das ist die Ausgangslage, vor der integre Beamte wie der Carabinieri-General Carlo Alberto Dalla Chiesa stehen. In Giuseppe Ferraras *Cento giorni a Palermo* (Die 100 Tage von Palermo, 1984) wird Dalla Chiesa (Lino Ventura) am 1. Mai 1982 in sein Amt als Polizeipräsident von Palermo eingeführt. Von nun an hat der Mann, der erfolgreich die terroristischen Aktionen der Roten Brigaden bekämpft hat, die sizilianische Mafia als Angriffsziel vor Augen. Doch er wird nur noch hundert Tage zu leben haben.

»Die Aktion zu Ehren des Präfekten ist fast beendet«, kommentiert Ende Juli zynisch ein anonymer Anruf das Auffinden zweier weiterer Opfer der Mafia. Das ist teils eine Machtdemonstration, teils eine ganz persönliche Warnung an Dalla Chiesa. Der – von Lino Ventura unerschütterlich und seinem realen Vorbild täuschend ähnlich verkörpert – geht jedoch weiterhin hartnäckig gegen die Organisation vor. Er erzwingt bei den Banken Konteneinsicht und wird auf diese Weise wirklich gefährlich. Die Folge: Er lebt wie in einer Festung, ist von Alarmanlagen und Leibwächtern umgeben, eigentlich ein Gefangener. Doch Angst hat er nur um seine junge Frau Emanuela (Giuliana des Sio), die ihm gegen seinen Willen gefolgt ist. Aber das Spitzelsystem der Mafia funktioniert: Mitte August 1982 wird Dalla Chiesa in seinem Dienstwagen in eine Falle gelockt und ermordet. Ferrara legt seinen Film halbdokumentarisch, fast in der Art von Fernsehfeatures an, erreicht aber durch Lino Ventura auch eine gewisse emotionale Dichte.

Seitdem ist die Mafia vor allem durch die Staffeln der von Damiano Damiani geschaffenen TV-Serie *La Piovra* (Allein gegen die Mafia, seit 1984), die in Italien bis zu fünfundsechzig Prozent Einschaltquoten erreichte, dem Publikum präsentiert worden. Der vor allem auf den unteren Ebenen geführte Kampf des Kommissars Corrado Cattani (Michele Placido) gegen die »Krake« (Originaltitel) wurde trotz seines biederen Fernsehspielcharakters auch bei uns überaus popu-

›Cento giorni a Palermo‹ – Lino Ventura allein gegen die Mafia

lär, doch eine veränderte Einstellung der Italiener gegen die »Krankheit der Nation« hat sich, trotz aller Massenprozesse, die gegen untere Chargen und einzelne höhere »Funktionäre« des Verbrechens geführt wurden, kaum eingestellt.

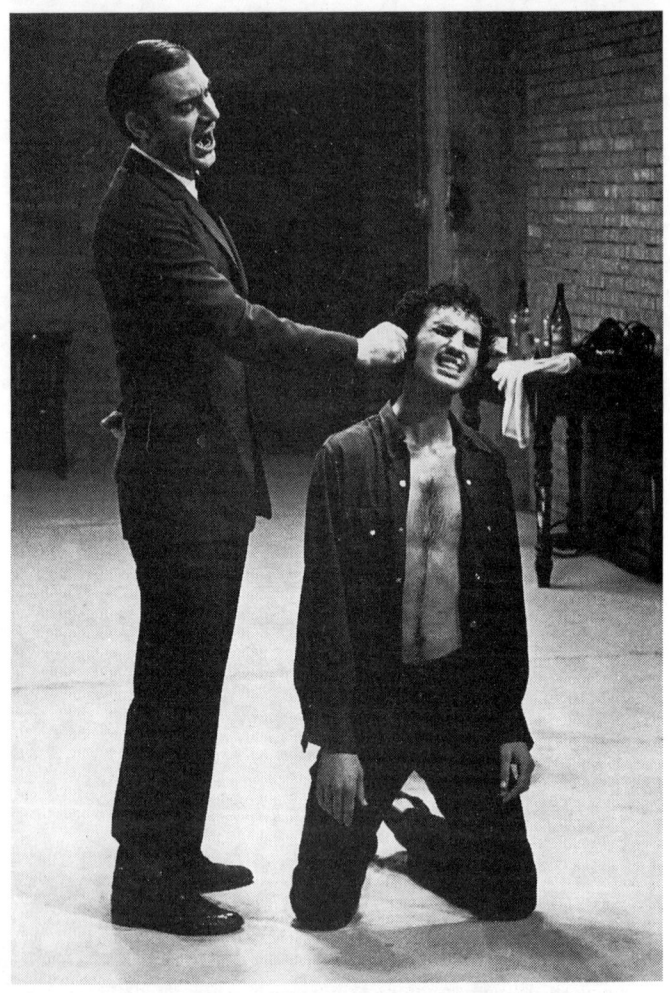

Die Unangreifbarkeit der Macht – ›Indagine su un cittadino …‹

Dalla Chiesas Sohn Nando, Soziologieprofessor in Mailand, bezweifelt denn auch, ob man überhaupt einen Konsens über den Aufbau einer »nichtkriminellen« Gesellschaft erzielen kann. Er schreibt: »... wo doch alle Informationen über die Machtträger bereits wieder gefiltert sind durch ihnen ergebene Medien, so daß dem Normalbürger kaum einmal die ganze Bedeutung jenes Netzwerkes klarwerden kann, auch wenn er instinktiv Mißtrauen gegen die politische Macht hegt.«

Oder wie es Leonardo Sciascia einmal lakonisch formuliert hat: »Die Mafia kann nur von einer noch größeren Mafia besiegt werden.« Damit ist das eigentliche Problem gestellt: die Frage nach der politischen Macht. Elio Petri hatte sie bereits 1969 in seinem als Farce inszenierten Polizeifilm *Indagine su un cittadino al di sopra di ogni sospetto* (Ermittlungen gegen

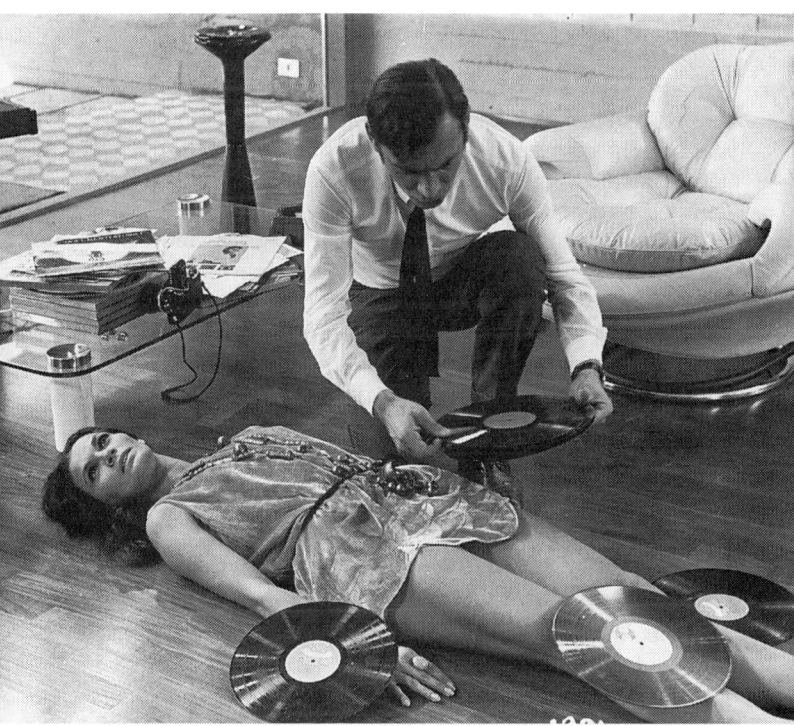

›Indagine su un cittadino ...‹ – *Gian Maria Volontè*

einen über jeden Verdacht erhabenen Bürger) aufgezeigt: Je höher der Machtträger steht, desto unangreifbarer ist er. Gian Maria Volontè ist der »Dottore« genannte Chef des Morddezernats im römischen Polizeipräsidium, der soeben zum Leiter der politischen Abteilung befördert wurde. Zu Beginn des Films hat er gerade seiner schönen Geliebten Augusta (Florinda Bolkan) die Kehle durchgeschnitten. Zwar verweisen alle Indizien auf den »Dottore«, zwar lenkt er absichtlich alle Spuren der Tat auf sich, doch jemand wie er, der kann, der darf einfach kein Mörder sein. In einem zynischen, geradezu lustvoll ausgetragenen Machttest beweist er, wie schwer ein Mann wie er zu greifen ist, weil die staatliche Macht ihn braucht. Er wird wahrscheinlich frei ausgehen.

Das offene Ende scheint die Hybris des »Dottore« zu bekräftigen, der andererseits als Versager im Bett geschildert wird, fetischistische Neigungen hegt und S/M-Spielchen schätzt und von Augusta als »eine Null, eine Niete« beschimpft wird. Dafür rächt sich der jämmerliche Popanz, indem er seine Geliebte und die Häftlinge sadistisch verhört: vielleicht etwas zu deutlich und einseitig vorgeführte Ersatzhandlungen eines verklemmten, autoritären Spießers. Doch die Gebrochenheit dieser Figur, des allgewaltigen, abstoßenden »Dottore« mit den perversen Neigungen, wird durch das Spiel von Volontè zusammengehalten, der aus der dreckigen Visage des Mächtigen die brillante Charakterstudie eines Zerrissenen herausfiltert. Petris Film, seinerzeit heftig umstritten, wurde mit Preisen überhäuft (unter anderem in Cannes 1970 mit dem Spezialpreis der Jury und als bester ausländischer Film mit dem Oscar).

Hatte Petri die Machtfrage noch parodistisch-satirisch gestellt, ging Francesco Rosi das Problem klug analytisch und extrem spannend an. Sein *Cadaveri eccelenti* (Die Macht und ihr Preis, 1975, nach einem Roman von Leonardo Sciascia) ist ohne Zweifel der beste und wichtigste italienische Polizeifilm und darüber hinaus einer der faszinierendsten Polit-Thriller überhaupt. Rosi hatte 1961 mit *Salvatore Giuliano* (Wer erschoß Salvatore G.?) eine kühl gehaltene Recherche über den Banditen und Volkshelden Giuliano vorgelegt, die

Tote Richter reden nicht – Lino Ventura (r.) in ›Cadaveri eccelenti‹

den Zuschauer als Ermittler miteinbezog. In *Cadaveri ecce-lenti* (wörtlich: exquisite Kadaver/hervorragende Leichen!) verband er die gewohnte intellektuelle Redlichkeit mit publikumswirksamer Attraktivität.

Rosis lange Reise durch die Ungeheuerlichkeit der Macht beginnt in einer Gruft und endet in einem Museum. Inspektor Rogas (Lino Ventura in *der* Rolle seiner Karriere) untersucht eine Serie von Morden, denen auf mysteriöse Weise hohe und höchste Justizbeamte zum Opfer fallen. Staatsanwalt Varga (Charles Vanel), der in einem unterirdischen Gewölbe makabre Zwiesprache mit den Mumien gehalten hatte, wird auf offener Straße erschossen. Richter Rosta (Alain Cuny), von dem Rogas nach zwei weiteren Morden Näheres erfahren will, wird unmittelbar nach Rogas Besuch erschossen. Taten eines Wahnsinnigen, eines Rächers aus verborgenen Motiven? Oder etwa die Aktionen politischer Extremisten, die das Land ins Chaos treiben wollen?

Rogas ermittelt unbeirrt weiter, bis das Leichenpuzzle Gestalt annimmt, und wird vom Verfolger zum Verfolgten. Er entgeht knapp einem Mordanschlag, sein Telefon wird überwacht, seine Vorgesetzten unterstellen ihn dem Chef der politischen Polizei. Rogas ist plötzlich lästig geworden, in jeder Beziehung. Im Museum für römische Geschichte trifft er sich mit dem Generalsekretär der kommunistischen Partei, um ihn über die Verschwörung zu informieren, die hinter den Morden steckt: »... weder private Rache noch politischer Extremismus, sondern ein von Polizei, Justiz und Regierung gedecktes, wenn nicht gefördertes Komplott der politischen Rechten, die sich damit ein Alibi für einen Militärputsch verschaffen will« (Alexander J. Seiler). Doch der Gegner scheint allmächtig: Inmitten antiker Statuen werden Rogas und Amar von den Kugeln anonymer Attentäter »erledigt«.

Rosis Film verbreitet ein Gefühl der Angst vor einem allgegenwärtigen Überwachungsstaat, er ist philosophischer Krimi und politische Allegorie, Polizeifilm, Polit-Thriller und pessimistische Parabel. Am Ende stehen der Satz »Die Wahrheit ist nicht immer revolutionär« und ein gnadenloser Epilog: Über den Rundfunk wird die Nachricht verbreitet, Rogas habe erst Amar und dann sich selbst erschossen. Rosi inszeniert Bilder aus der Gruft, er stellt (wie sonst nur Altman oder Fassbinder) eine wahnwitzige Tonmischung aus Alltagsgeräuschen zusammen und setzt selbst einen Blindenhund als Spitzel ein. Die Beschreibung erreicht einen Grad dichter Beklemmung und letztendlich metaphysische Dimension. Und für einmal ist sogar der deutsche Verleihtitel intelligent.

Rosis Verdienst liegt aber auch darin, dieses permanente Gefühl von Bedrohung und Verfolgung mit farbdramaturgisch surrealen Bildern versehen zu haben, die natürlich Italien meinen, aber zu einem universell verständlichen Diskurs über die totale Manipulierbarkeit scheinbar demokratischer

Staatsgebilde ausgeweitet werden können. Venturas Rogas ist ein einsamer, ehrlicher und unbeugsamer Rechtsvertreter, längst ein Anachronismus in einer Welt, die von Korruption, Intrigen und Überwachung beherrscht wird. Dagegen hat der einfache Bulle, der lediglich seinen Job tun will, das aber konsequent und richtig, einfach keine Chance mehr. Wenn Ventura zupackt, ist das wie eine Geste der Verzweiflung, wenn er seine Brille aufsetzt, ist das schon fast Resignation. Und als er der Wahrheit nahe kommt, stürzt er wie Ikarus ab.

Auch Gian Maria Volontè, der über jeden Verdacht erhabene »Dottore« von 1969, gerät in eine Verschwörung rechtsradikaler Kreise. In *Io ho paura* (Ich habe Angst, 1977) von Damiano Damiani, einem künstlerisch fast so überwältigenden

Philosophischer Krimi und politische Allegorie – ›Cadaveri eccelenti‹ von Francesco Rosi

Film wie Rosis Komplottdrama, spielt er den einfachen Polizisten Ludovico Graziano, einen im Süden aufgewachsenen Brigadiere, der sich nach einem ruhigen Posten sehnt. Er erhält den Auftrag, den Richter Cancedda (Erland Josephson) zu beschützen, der in einem Rauschgiftfall einer Spur folgt, die unversehens auf ein politisches Verbrechen weist. Der vereinsamte, etwas weltfremde Richter fragt: »Was ist das für ein Staat, in dem das, was die Justiz darstellt, von Leibwächtern beschützt werden muß?« Cancedda wird in seiner Wohnung erschossen, und Graziano überlebt den Anschlag auch nur dank seiner kugelsicheren Schutzweste (die zu tragen der Richter sich geweigert hatte). Daraufhin wird er einem Richter (Mario Adorf) zugeteilt, der sich längst mit den Feinden des Staates arrangiert hat und der nun versucht, Graziano auszuhorchen, bevor dieser den Wölfen vorgeworfen wird. Graziano, alles andere als ein Draufgänger, bleibt nichts anders übrig, als nach vorne loszugehen. Er übernimmt ein paar Methoden seiner Gegner (hört beispielsweise seinen Hauptfeind, den Geheimdienst-Chef [!] ab) und eliminiert in einem genialen Handstreich in einem römischen Pornokino, in dem der Richter Grazianos Ermordung geplant hat, den Richter wie auch den Attentäter. Damit scheinen seine Feinde ausgeschaltet. Er macht einen Anruf, vereinbart mit einem Freund einen Treffpunkt und wird auf dem Weg dorthin aus einem fahrenden Auto heraus erschossen. Der ehrbare, sympathische und gesetzestreue Süditaliener ist in einen Mahlstrom geraten, der ihn verschlingt.

Sowohl Rosi als auch Damiani brauchen den Vergleich mit Hitchcock nicht zu scheuen: Die dramatischen Konstruktionen ihrer Geschichten lassen wie bei einem Altmeister keine Auswege zu, und sie sind politisch allemal brisanter und aktueller, exakt auf der Höhe ihrer Zeit, wenn nicht sogar einen Schritt voraus.

Gegenüber den politisch orientierten Polizeifilmen erscheint Luigi Comencinis *La Donna della domenica* (Die Sonntagsfrau, 1975) als normale Polizei-Enquête, doch der nach dem Roman von Fruttero und Lucentini gedrehte komödiantische Krimi gewinnt seine Reize in ganz eigener Weise. Marcello

›Io ha paura‹ – Mario Adorf und Gian Maria Volontè

Mastroianni als Kommissar Santamaria untersucht in Turin den Mord an einem Architekten, der mit einem Phallus aus Marmor erschlagen wurde. Von den Hausangestellten des Toten erhält Santamaria etliche denunziatorische Hinweise. Sie führen ihn durch die feine Gesellschaft der Stadt, die Comencini in all ihrer Verlogenheit aufs Korn nimmt. Santamaria trifft mit dem Homosexuellen Massimo (Jean-Louis Trintignant) und der reichen Anna Carla (Jacqueline Bisset) zusammen, die ihm, jeder auf seine Weise, helfen, den Fall zu lösen. Anna Carla wird Santamarias Geliebte.

La Donna zieht seinen eigentümlichen Charme aus dem Spiel der drei Hauptdarsteller, die das Schema ihrer Rollen genüßlich aufbrechen. Trintignant gibt sich kühl und zynisch, Bisset schön und mondän und Mastroianni als gegenüber seinen Vorgängern geradezu gemütlicher Kommissar, der vom Reichtum angesteckt wird und sich des Lohns der Mühe im Bett der Bisset vergewissert.

7. Zabou, Wabu, Huhu ...

Zwar hat sich hierzulande in den letzten zwanzig Jahren so etwas wie ein eigenständiger Kriminalroman herausgebildet, von einem spezifisch deutschen Kriminal- oder Polizeifilm aber kann nicht die Rede sein. Der deutsche Krimi findet im Fernsehen statt, und Ausnahmen wie die *Schimanski*-Filme bestätigen hier wirklich nur die Regel. Das hat natürlich vielerlei Gründe: Da ist einmal die internationale Konkurrenz vor allem amerikanischer und französischer Herkunft, unvergleichlich besser ausgestattet mit Produktionsmitteln, mit Stars, mit Autoren, und zum anderen hatte das Genre in Deutschland keine Gelegenheit, wie in Frankreich oder den angelsächsischen Ländern zu wachsen und sich zu entwikkeln. Und nach dem Zweiten Weltkrieg war selbst das fiktive Herumrühren in der Vergangenheit einzelner Personen oder Institutionen nicht sehr beliebt, stand die Frage nach Schuld und Sühne eines ganzen Volkes zu sehr im Vordergrund. Gerade befreit, wenn auch nicht erlöst von der wohl effektivsten Gangstertruppe aller Zeiten, wollte man mit Verbrechen im eigenen Land vorläufig nichts mehr zu tun haben.

So verlegte sich das Interesse der Produzenten rasch auf importierte Artikel wie Edgar Wallace oder auf reine Kunstfiguren wie Jerry Cotton. London im Nebel, im Moor gelegene Herrensitze, Geheimgänge und Spukerscheinungen, das alles war irgendwie zeitloser Schauder, leichten Herzens konsumierbar; und Jerry Cottons Manhattan versprach den Glitzer und die Exotik von amerikanischen Stadtlandschaften, lange bevor Fernreisen üblich waren. Und wäre nicht der ungeheuerliche Erfolg gewesen, es wäre leicht, sich über den albernen Saubermann Cotton oder die heillos zusammengestopselten Geschichten eines Wallace lustig zu machen. Aber scheinbar war nichts anderes zur Hand, und so brachte es allein Wallace auf annähernd vierzig Verfilmungen, die alle so ziemlich nach dem gleichen Schema ablaufen: ein reicher Adelsclan oder eine Gruppe von Geschäftsleuten wird von einem Killer aus den eigenen Reihen bedroht und dezimiert, bis ein Inspektor von Scotland Yard (manchmal ist es auch ein Privatmann) dem bösen Treiben ein Ende bereitet und das Rätsel der Morde, meist eine Erbstreitigkeit oder ein Rachefeldzug, löst.

Das hört sich als Handlungsfaden vielleicht nicht einmal schlecht an, wäre Drehbuchschreiben seinerzeit kein weithin unbekanntes Handwerk gewesen und hätte es Regisseure und Darsteller gegeben, die den verwickelten Stories zumindest den Segen professioneller Arbeit verabreicht hätten. Heinz Drache und Joachim Fuchsberger mögen auf Boulevardbühnen oder als Entertainer eine gute Figur abgeben, als Männer der Aktion, als physisch begreifbare und handelnde Helden waren sie einfach nicht vorhanden. Sie waren Poseure, Angeber, die so taten, als könnten sie es in ihren besten Momenten mit Errol Flynn oder Jean-Paul Belmondo aufnehmen.

Irgendwann Mitte der sechziger Jahre dann hatte Wallace ausgedient. Das Publikum war vielleicht nicht anspruchsvoller, aber doch bequemer geworden, und blieb nun zu Hause, begnügte sich mit »Stahlnetz« und dem »Kommissar«. Doch kaum glaubte man, wieder sicher zu sein, tauchte Freund Jerry Cotton auf der Kinoleinwand auf, verkörpert von dem Hollywood-Schauspieler George Nader. Doch alle »Anstrengungen« waren vergeblich, und damit war auch die letzte Chance vertan, so etwas wie deutsches Action-Kino zu begründen (ein dritter Versuch lief mit Karl-May-Verfilmungen, mit ähnlich deprimierenden Ergebnissen). Denn während selbst die billigsten amerikanischen B-Filme einen gewissen Reiz hatten, wenigstens mit einem Hauch Kompetenz und Überzeugung versehen waren, waren die Jerry-Cotton-Filme nichts weiter als Übungen in Sachen dummdreisten Dilettantismus. Und da von vornherein in Fabrikhallen, Kiesgruben und stickigen Bürodekorationen gedreht wurde, lustlos und mit dem erkennbar geringstmöglichen Aufwand, lagen die Geschichten um den smarten FBI-Agenten schon in den letzten Zügen, bevor sie sich überhaupt in Bewegung gesetzt hatten.

Ein paar Ausnahmen in diesen düsteren Jahren sollen nicht

unerwähnt bleiben. So *Bumerang* (1959) von Alfred Weidenmann, ein Film, der mit Martin Held, Hardy Krüger und Mario Adorf nicht nur ungewöhnlich gut besetzt war, sondern auch eine vergleichsweise spannende Geschichte erzählte. Ein Polizeikommissar (Held) erkennt in einem Gangster (Krüger) den Mann wieder, der ihm im Krieg das Leben gerettet hat, und gerät in einen Zwiespalt. Zwar war auch hier das Ende absehbar, aber der Film hatte eine angenehm fatalistische Atmosphäre, exakte Schauplätze und hob sich wohltuend vom sozialen Niemandsland der Edgar-Wallace-Filme ab. Fast ein deutscher Film Noir, geschrieben von Herbert Reinecker in einer seiner wenigen Sternstunden.

Bei *Polizeirevier Davidswache* (1964) von Jürgen Roland wird die Sache etwas komplizierter. Anspruchsvoll im Vorhaben, »er wolle das wirkliche Polizisten-Dasein auf St. Pauli zeigen«, gelang dem Regisseur nur eine höchst banale Rahmenhandlung um einen entlassenen Kleingangster, der vorgibt, sich an einem Streifenpolizisten rächen zu wollen. Doch von der Abrechnung mit dem Polizisten bleibt nur die Behauptung, und der vielfach beschworene Coup erweist sich als windiger Überfall auf ein Ladengeschäft. Übrig bleibt das wirklich bittere Ende des Polizisten, aber auch das wirkt aufgesetzt und unnötig melodramatisch in einem angeblich so nüchtern und authentisch geplanten Film. Was an *Polizeirevier Davidswache* des weiteren verärgert, ist der unglaublich kritiklose Blick auf die Polizei (die sogenannten »Schwabinger Krawalle« kurz zuvor hatten ein anderes Bild geliefert) und der eingestreute Nachhilfeunterricht in punkto Kiezsprache oder Gaunermilieu, der viele Dialoge in Schulfunk über abweichendes Verhalten verzerrte.

Ende der sechziger Jahre kam dann der junge oder neue deutsche Film auf, und der hatte mit Krimigeschichten nicht viel im Sinn. Mit Erzählkino im klassischen Stil zwar auch nicht, aber das ist ein anderes Thema. Krimis waren in der Wertschätzung der Kritiker und Vergabegremien zu banal, zu leichtgewichtig. Literaturverfilmungen waren angesagt, höchstes Gut von Goethe bis Böll, und wenn gelegentlich mal ein (Psycho-)Krimi, dann von Patricia Highsmith. Natürlich

Der letzte deutsche Polizist in Äktschen – Götz George in ›Zabou‹

war auch Genre-Kino out, von Komödien einmal abgesehen,
und erst Fernsehkrimis wie die *Schimanski*-Tatorte brachten
den Bullen ins Kino zurück. Götz George hätte durchaus das
Zeug zum deutschen Action-Star gehabt, wären ihm nicht
meistenteils undurchsichtige Drehbücher und lausige Pro-
duktionsbedingungen im Weg gestanden, die ihn zu einem
versoffenen Rabauken degradierten. Was George wirklich
leisten kann, hat er zum Beispiel in dem Fahrstuhl-Thriller
Abwärts (1984) von Carl Schenkel bewiesen, doch die körper-
betonte Charakterstudie eines Karriereabsteigers fand leider
keine Nachfolger. Und auch die beiden *Schimanski*-Tatorte,
die im Kino uraufgeführt wurden, hatten erstaunlich wenig
zu bieten.
Zahn um Zahn (1985) von Hajo Gies beginnt zwar spektaku-
lär mit einem Massenmord, mit Aufruhr und Straßenschlach-

ten in Duisburg, verlagert sich dann aber nach Marseille/ Frankreich, wo Schimanski einen aus der Fremdenlegion herrührenden Killerverein unschädlich machen soll. Eher behindert als unterstützt wird er dabei von der französischen Polizei und einer aufdringlichen Reporterin, die hinter der gleichen Sache her und Schimanski immer eine Nasenlänge voraus ist, so lange jedenfalls, bis sie an die falsche Tür klopft und das Feld für immer räumt.

Schimanski und Popeye Doyle, dieser Vergleich drängt sich natürlich auf, und er fällt sehr zuungunsten Schimanskis aus. Eine zu nichts führende und daher überflüssige Liebesgeschichte, unbeholfene Action-Szenen, auffallende Unstimmigkeiten in der ohnehin verworrenen Handlung, dies alles reduzierte *Zahn um Zahn* zu einem leidlich erträglichen Tatort, im Fernsehen gut aufgehoben, aber fürs Kino eher eine Zumutung.

Zabou (1987), wiederum von Hajo Gies inszeniert, stellt Schimanski als Gegenspielerin eine junge Frau vor. Connie/ Zabou ist die Tochter einer Ex-Freundin von Schimanski, handelt in Duisburg mit der Ware Crack und verwickelt sich in Widersprüche, als Schimanski Umsatz und Geschäftsprinzipien ihres Unternehmens zu beeinträchtigen anfängt. Einerseits versucht sie, Schimanski mit Hilfe ihrer Komplizen loszuwerden, andererseits hält sie ihre schützende Hand über ihn, und das führt dann zum bösen Ende. In die Enge getrieben, erschießt sich Connie/Zabou lieber selbst als Schimanski, weil ihr das die Illusion gibt, doch noch als Siegerin dazustehen. Dazwischen wird Schimanski auseinandergenommen, als Mordverdächtiger hingestellt, unter Drogen in einen VW Golf (!) gesetzt, auf Fahrt gebracht, aber das interessiert alles nicht. Die Geschichte ist an keiner Stelle glaubwürdig (eine junge Frau von Anfang Zwanzig als kaltschnäuzige Chefin einer Dealerbande!), die Stunts und Crashszenen sind rührend amateurhaft ausgeführt, und Schimanskis blauäugiges Beharren, die kleine Connie/Zabou aus dem Drogensumpf rauszuziehen, wirkt schlicht peinlich. »Du, ich hol dich da raus ...« Wer rausgeholt wurde, ist der Zuschauer aus dem Kino.

Zielscheiben (1984) von Volker Vogeler ist geradezu ein Para-
debeispiel für den Unwillen eines Regisseurs, das Krimi-
Genre ernst zu nehmen und seine Geschichte entsprechend
gradlinig zu erzählen. Ein Kommissar, gespielt von Bernard
Fresson, soll einen aussagewilligen Kleingangster (Oliver
Stritzel) vor den Nachstellungen einer Gangsterbande beschützen und wird zusammen mit diesem auf eine Reise
durch Norddeutschland geschickt. Kein schlechter Ausgangspunkt, auch wenn nie ganz klar wird, was an dem Verräter so
gefährlich sein soll. Und auch das später eingeschobene
Motiv, daß die beiden weniger in Sicherheit gebracht werden
sollen, sondern als unfreiwillige Lockvögel fungieren, gewinnt nie an Konturen. So bleibt ein betulich inszenierter
Film, bemüht auf Zitate aus anderen, besseren Filmen aus,
und das ironisch verfremdete Ende setzt dem Ganzen die
schlechte Krone auf.

Tatort im Kino – Götz George (l.) in ›Zabou‹

Ähnlich unentschieden war *Der Bulle und das Mädchen* (1985) von Peter Keglevic. Jürgen Prochnow spielt hier einen namenlosen, hartgesottenen Zivilfahnder einer westdeutschen Großstadt, der seine Erfüllung in seinem Beruf sucht, der nur in seine Pistole verliebt ist. Eines Tages aber ändert sich das: Aus vorerst unbegreiflichen Gründen rettet er ein Punk-Mädchen (Annette von Klier) aus einer verfänglichen Situation, doch als Dank klaut ihm die Kleine Pistole und Papiere und setzt sich damit Richtung Grenze ab. So weit, so gut, und der Anfang ist auch ganz vielversprechend. Prochnow folgt dem Mädchen und legt sich mit ein paar Grenzschützern an, um seine Sachen zurückzuholen. Als Konsequenz werden er und das Mädchen von der Polizei gesucht, und das bringt sie nun doch näher zusammen. Was folgt, ist ein idyllisches Zwischenspiel auf dem Land, das endet, als Prochnow das Mädchen mit dem Zug wegschicken möchte, die Göre aber nichts als Unfug im Kopf hat und dadurch die Aufmerksamkeit der Bahnpolizei auf sich zieht. Prochnow holt das Mädchen nochmals raus, aber damit ist sein Frontenwechsel offensichtlich geworden, und seine Kollegen geben ihm, dem Abtrünnigen, nun kräftig Zunder. Wieder auf den Beinen, sucht er erneut die Gesellschaft des Mädchens, was für beide dann den Tod bedeutet.

Prochnow übertreibt ziemlich, Annette von Klier bringt dagegen recht wenig ein, und so bleibt allein Keglevics Versuch, deutsches Action-Kino zu etablieren, zu erwähnen, wobei der Hauptmangel nicht beim Regisseur gelegen haben mag, sondern an fehlenden Produktionsmitteln, aber auch das ist eine deutsche Besonderheit. Etwas temporeicher montiert und weniger sentimental in der Zeichnung der Hauptfiguren, und der Film hätte einen ganz respektablen Anfang gemacht.

Peter Patzak, Miterfinder der Kottan-Figur, zeichnet für zwei Polizeifilme der letzten Jahre verantwortlich, *Der Joker* (1987) und *Killing Blue* (1988), die dem Genre in der bundesdeutschen Variante den Garaus machen könnten, sollten sich ähnliche Arbeiten finden.

In *Der Joker* spielt Peter Maffay einen Kommissar der Hamburger Kriminalpolizei, der sich mit einem Erpresserring anlegt und dabei in einem geheimnisvollen Killer (Michael York) einen unerwarteten Verbündeten findet. Einen Gutteil seiner Rolle verbringt Maffay im Rollstuhl, in den er nach einem Bombenanschlag verbannt wurde, und spielt sich als Rächer auf; ziemlich unansehnlich und stellenweise blödsinnig, wenn die Gegenseite etwa einen ganzen Wagenpark aufbietet, um den Rollstuhlfahrer fertigzumachen. Der eigentliche Verbrecher aber ist das bodenlos hirnrissige Drehbuch, und so bleibt die Frage, ob Maffay, der nach Ansicht einiger Fans singen kann und maßgeblich an der Entstehung des Films beteiligt war, auch des Lesens mächtig ist.

In *Killing Blue* ist Armin Müller-Stahl ein Kommissar der Berliner Kriminalpolizei, der es (wieder einmal) mit einer Mordserie im Prostituierten- und Drogenmilieu zu tun bekommt und einen befreundeten Staatsanwalt (Michael York) als Täter entlarvt.

8. Kreuzritter, Realos und Neurotiker

In den letzten Jahren haben nicht wenige renommierte Regisseure versucht, ihre stagnierende Karriere anhand eines Polizeifilms wieder flottzukriegen, allen voran Michael Cimino mit *The Year of the Dragon* (Im Jahr des Drachen/Manhattan Massaker, 1984), Brian de Palma mit *The Untouchables* (Die Unbestechlichen, 1987) und W. Friedkin mit dem bereits erwähnten *To Live and Die in L. A.*, und haben das Genre damit zur meistdiskutierten und auffälligsten Spielart populärer Kinounterhaltung der achtziger Jahre gemacht. So wurden von 1981 bis 1988 in den USA etwa siebzig Polizeifilme produziert, von denen fast alle unsere Kinos erreichten. Selbst wenn man Kuriositäten und reine B-Filme abzieht, bleibt damit immer noch ein ernst zu nehmender Pulk von rund vierzig Filmen.

Als Ouvertüre dieser von zwiespältigen Protagonisten à la Dirty Harry oder Popeye Doyle weitgehend gereinigten »New Wave« kann man *Nighthawks* (Nachtfalken, 1980) von Bruce Malmuth betrachten, in dem Sylvester Stallone mit Vollbart einen Zivilfahnder der New Yorker Polizei mimt, der mit seinem schwarzen Partner Billy Dee Williams den Top-Terroristen Wulfgar (Rutger Hauer) unschädlich machen soll. Höhepunkt der dramatischen Auseinandersetzung ist eine Geiselnahme, bei der Wulfgar und seine Komplizin Shakka (Persis Khambatta) einige UN-Delegierte in einer Seilbahnkabine festhalten. Shakka wird bei der Befreiung der Geiseln getötet, doch Wulfgar entkommt wieder einmal. Der Terrorist will sich nun an Stallones Frau rächen, doch der stellt ihm eine Falle und erschießt ihn. Weniger am Terrorismusproblem interessiert als an vordergründiger Action, ist *Nighthawks* vor allem ein Vehikel für Stallone in einer »Charakterrolle«, das durch Malmuths amateurhafte Regieführung allerdings kräftig unterminiert wird. Die Szene etwa, in der Stallone und Williams in einer Diskothek sich anschicken, Wulfgar zu überrumpeln, ist so unbeholfen montiert, daß sie Filmstudenten als Negativbeispiel par excellence vorgeführt werden könnte.

Der amerikanische Sisyphus – Paul Newman in ›Fort Apache – The Bronx‹

Der erste wirklich interessante Polizeifilm des Jahrzehnts wurde 1981 (als auch *Prince of the City* entstand) Daniel Petries *Fort Apache – The Bronx* (Die Bronx). Die Bronx, das ist New Yorks 41. Bezirk, einskommafünf Millionen Einwohner, eine gigantische Müllhalde, voll mit Abbruchhäusern, verkommenen Grundstücken, trostlosen Parks, Plätzen und Straßen. »Fort Apache« wird die Polizeistation der Süd-Bronx genannt, ein Vorposten im neuen Indianerland der amerikanischen Großstädte. Gleich zu Beginn werden zwei Streifenpolizisten von einer rauschgiftsüchtigen schwarzen Prostituierten abgeschossen. Doch der Film folgt weniger der Aufklärung dieses Falles, die Mörderin landet als Leiche in einem Teppich auf einer Müllhalde und wird nicht einmal bemerkt, sondern den vielen anderen, gleichzeitig ablaufenden illegalen Handlungen.

Hauptfigur in *Fort Apache* ist Paul Newman als Officer Murphy, der nach achtzehn Jahren Polizeiarbeit seinen Job am liebsten hinschmeißen würde. Der ewige Dienst auf der Straße, das kurzfristige Reparieren sozialer Konflikte haben ihn gründlich frustriert. Und der Nachwuchs, verkörpert von dem eitlen Corelli (Ken Wahl), den er einweisen soll, ist auch nicht nach seinem Geschmack. Dann gerät er auch noch in einen schweren Gewissenskonflikt: Ein ausgeflippter Kollege wirft bei einem Straßenkrawall einen unschuldigen Jungen einfach von einem Hausdach. Murphy schweigt erst (Kameradschaftsgeist!), doch nachdem auch noch seine Freundin, eine Krankenschwester, an einer Überdosis Heroin gestorben ist, packt er aus und macht sich damit als Polizist unmöglich.

Auch wenn die Bronx teils exotisches Milieu für den Film ist, so legt Petrie doch einiges Gewicht auf lange verbale Auseinandersetzungen um das Ethos des Polizistenberufes. Am Ende bleibt offen, ob Murphy, der seinen Dienst quittiert hat, nicht doch wieder auf Streife gehen wird. Paul Newman spielt Murphy als einen allseits erfahrenen Beamten, der souverän auf die Gesetze der Straße reagiert, manchmal kokett und verspielt, manchmal heftig und direkt, aber immer sehenswert: ein amerikanischer Sisyphus.

Gegenüber Newmans Leistung fällt ein anderer Star in den (darstellerischen) Abgrund: Chuck Norris, einst Karatelehrer von Clint Eastwood, tobte sich in bislang vier Polizeifilmen aus, wo er seine Körperkünste des Kung Fu vorführen konnte: In *An Eye for an Eye* (Der Gigant, 1981) von Steve Carver rächt er einen von einer Rauschgifthändlerorganisation ermordeten Kollegen, d. h., vor der Kulisse von San Francisco (Chinatown und Golden Gate Bridge) rollt eine Serie stereotyper Schlägereien ab, ebenso wie in *Slaughter in San Francisco* (Der Boß von San Francisco, 1982) von William Lowe. In *Lone Wolf McQuade* (McQuade, der Wolf, 1983) von Steve Carver wird er als eigenmächtiger Texasranger vom Dienst suspendiert, hält sich die attraktive Barbara Carrera als Geliebte und räumt mit dem Grenzgesindel kräftig auf, als man seine Tochter entführt. In *Code of Silence* (Cusack – Der Schweigsame, 1984) von Andrew Davis schließlich spielt er den Chicago-Detective Cusack, der sich weigert, die verbrecherischen Machenschaften eines Kollegen mitzutragen.

Eine Polizeistation als letzte Bastion in einer Endzeit-Umgebung – ›Fort Apache – The Bronx‹

Allein gelassen, besiegt er dennoch einen Gangsterclan, und beim Showdown benutzt er einen vollautomatischen Kampfwagen mit modernster Waffentechnik: der Cop im Action-Rausch.

Bereits fünf Jahre vor Walter Hills *Red Heat* taucht im amerikanischen Polizeifilm ein russischer Cop auf: William Hurt spielt in *Gorky Park* (Gorky Park, 1983) von Michael Apted, nach dem Bestseller von Martin Cruz Smith, den Milizoffizier Arkady Renko, der in Moskau drei Mordfälle lösen soll und dabei einem skrupellosen amerikanischen Pelzhändler (Lee Marvin) und etlichen abtrünnigen KGB-Funktionären in die Quere kommt. Ziel der ungewöhnlichen Ost-West-Allianz: das Zobelmonopol der UdSSR zu brechen, indem sie etliche der Tierchen nach Schweden schmuggelt. In das Komplott weiter verwickelt werden die hübsche Dissidentin Irina (Joanna Pacula) und ein amerikanischer Polizist, dessen Bruder eines der drei Opfer war. Arkady, alles andere als ein willfähriger Befehlsempfänger, gerät dabei zwischen die Fronten und in Gewissensnot. Auf der einen Seite der KGB und die Staatsräson, auf der anderen seine Liebe zu Irina, das bringt den ehrgeizigen Ermittler nicht nur beruflich in die Klemme. Beim Showdown in einem Waldstück in der Nähe von Stockholm wendet sich dann jeder gegen jeden, nur Arkady und Irina überleben. Arkady entläßt die Zobel dennoch in die Freiheit, kehrt danach aber in die Sowjetunion zurück und verzichtet auf sein privates Glück an der Seite Irinas.

Politischer geht es in *Flashpoint/Border Patrol* (Flashpoint – Die Grenzwölfe, 1984) von William Tannen zu: Zwei Grenzpolizisten (Treat Williams und Kris Kristofferson) entdecken in der Wüste bei San Antonio ein Autowrack, ein Skelett und achthunderttausend Dollar. Uneins darüber, ob sie das Geld einfach behalten oder der Sache auch nachgehen sollen, wekken sie schlafende Hunde. Denn sie finden heraus, daß der Tote möglicherweise einer der Mörder von John F. Kennedy war, möglicherweise vom FBI (!) angeheuert. Die Folgen sind fatal: Der aufgescheuchte FBI-Apparat stellt den beiden Grenzwächtern eine Falle, die nur einer (Kristofferson) überlebt. Von einem loyalen Sheriff (Rip Torn) gedeckt, ent-

Der Schlitzaugenhasser am Ziel – Mickey Rourke und John Lone in ›Year of the Dragon‹

kommt Kristofferson mit dem Geld nach Mexiko, doch seine Zukunft ist höchst ungewiß. Der Kennedy-Mord ist zwar nur eine Folie, aber die Story ist sehr spannend und weist auf die sterbenden Ideale der USA hin, auf die Korruption und die Machtgier der Institutionen, die eigentlich das Volk und nicht sich selbst schützen sollen.

Demgegenüber sind etwa die seit 1983 von verschiedenen Regisseuren inszenierten, bis 1989 sechs Folgen der *Police Academy*-Serie und ihrer Imitationen (wie *Police Patrol, Night Patrol, Up the Academy* oder *Armed and Dangerous*) multiplizierter Schwachsinn: Klamaukkomödien mit gröbstem Slapstick, schlimmsten Kalauern und üblen Hauruck-Gags. In ihrer Zotigkeit wirklich, wie der Verleihtitel sagt, »Dümmer als die Polizei erlaubt«.

So aufregend wie umstritten war hingegen Michael Ciminos *Year of the Dragon*. Cimino und Co-Autor Oliver Stone erzählen hier (nach einem eher betulichen Roman von Robert Daley) die Geschichte vom Wahn eines einzelgängerischen New Yorker Polizisten. Mickey Rourke spielt den fanatischen, brutalen und rassistischen Captain Stanley White, ein »Polacke« (er heißt eigentlich Wyszinski) und hochdekorierter Vietnamkämpfer, der in den Stadtteil Chinatown versetzt wird und bald vor der Aufgabe steht, einen sich anbahnenden Bandenkrieg zu stoppen. In Wahrheit geht es um einen Generationswechsel an der Spitze der führenden »Familien« und um die Kontrolle des Drogenhandels.

White stellt sich den chinesischen Bossen mit »Es gibt einen neuen Marshal in Chinatown, mich« vor und spielt seinen Haß und seine Verachtung ihnen gegenüber voll aus. Er verwandelt seine Ermittlungen bald in einen Privatkrieg gegen die »Gelben« und bedient sich dabei rücksichtslos aller Mittel, setzt sich über alle bislang geltenden Regeln und stillschweigenden Vereinbarungen hinweg. Unverhohlen gibt er zu, daß dies für ihn *die* Gelegenheit ist, den verlorenen Krieg im Dschungel Südostasiens wettzumachen. Selbst als sich ein Agreement zwischen der chinesischen Mafia und den Polizeibehörden andeutet, macht White weiter: Er will seinen einsamen Kampf nicht noch einmal wegen unfähiger Bürokraten und Politiker verlieren. Die Tradition der Chinesen ist für ihn nur »ein Haufen Scheiße«, ohne Belang in Amerika. Seine Frau und ein junger chinesischer Polizist, der Undercover-Arbeit für ihn leistet, werden vor seinen Augen umgebracht, aber er macht unbeirrt weiter.

Und als hätte White nicht schon genügend Widersprüche am Hals, fängt er auch noch ein Verhältnis mit einer TV-Reporterin chinesisch-japanischer Abstammung (Ariane) an, die in einem riesigen Penthouse über New York wohnt. White benutzt auch sie: er lanciert polizeiinterne Informationen über sie an die Öffentlichkeit, ihre Wohnung wird von ihm in sein Hauptquartier umfunktioniert. Daß die Frau infolge dessen vergewaltigt wird und fast zu Tode kommt, berührt ihn kaum. Als Gegenspieler Whites stellt sich der agile und ehrgeizige

Jungpate Joey Tai (John Lone) heraus, der die alten Bosse ausbooten und den Machtbereich der chinesischen Heroin-Mafia erweitern möchte. Tai reist deswegen selbst in das Goldene Dreieck, wo er ungerührt den abgeschlagenen Kopf eines Konkurrenten aus seinem Gepäck präsentiert und als Verhandlungsmittel einsetzt. White erfährt von dem Deal bzw. von dem Frachter, mit dem das Heroin nach New York geschafft werden soll, und obwohl inzwischen versetzt und nicht mehr zuständig, schlägt er sich zu dem Übergabeort durch. Er provoziert Joey Tai zu einem wahnsinnigen Duell auf einer Hafenbrücke, das nach Western-Manier ausgetragen wird und das er für sich entscheiden kann. Beim Trauerzug für Joey Tai ist er wieder dabei, prügelt sich mit chinesi-

Das andere Geschlecht als Mittel zum Zweck eingesetzt – Mickey Rourke als letzter Loner

schen Jugendlichen, findet sich in den Armen der Reporterin wieder.

Ciminos Film stieß bei seinem US-Start auf massive Proteste von seiten der Amerika-Chinesen, die sich diskriminiert sahen und dem Film vehement Rassismus unterstellten. Der Vorwurf trifft teilweise daneben, insofern Cimino zwar mit White das Porträt eines Rassisten, Sexisten und nicht zuletzt Rechtsradikalen zeichnet, doch immer wieder im Dialog differenziert. Dennoch argumentiert seine explosive Bildersprache zugunsten von White, der sich stur durch den kriminellen Sumpf Chinatowns bewegt, unbestechlich und unaufhaltsam. Daß dem Film ein Nachspann angefügt wurde, in dem die guten Absichten der Hersteller beteuert werden, paßt gut in dieses zwiespältige Konzept.

Denn ob rassistisch oder nicht, *Year of the Dragon* besticht durch eine stellenweise einzigartig dynamische, geradezu sogartige Inszenierung, die atemlos durch die Geschichte hetzt. In der ersten Sequenz bereits feiern optische Sinneseindrücke wahre Triumphe: Cimino filmt einen Festzug in Chinatown, mit exotischen Masken, bizarren Kostümen, Feuerwerk und Menschengedränge in den Straßen. Gleich darauf ist es ein Trauerzug für das erste Opfer, da umkreisen TV-Teams und berittene Polizisten den Zug. In einer anderen, sehr opulent gestalteten Szene dringen zwei junge chinesische Gangster in ein Nobelrestaurant ein, wo White sich gerade mit der Journalistin aufhält, und veranstalten ein wohlkalkuliertes Gemetzel unter den Gästen. Und nachdem seiner Frau die Kehle durchgeschnitten wurde, jagt White dem totgeschossenen Täter wie ein Berserker hinterher und zieht den Leichnam aus dem zu Schrott gefahrenen und höchst explosionsgefährdeten Wagen, nur um sich davon zu überzeugen, daß der Mann auch wirklich hinüber ist. Bilder dieses Wahns machen *Year of the Dragon* zu einem buchstäblich atemberaubenden und erschreckenden Polizeifilm. Daß daneben ziemlich hilflos inszenierte Momente stehen und Mikkey Rourkes Make-up etliche Veränderungen durchläuft, schien Cimino nicht bemerkt zu haben. Sein Comeback war jedenfalls gelungen, er war wieder im Geschäft.

Furiose Action in einem atemberaubenden Polizeifilm – ›Year of the Dragon‹ von Michael Cimino

Ein größerer Gegensatz zu Ciminos virtuoser Action-Regie als *Witness* (Der einzige Zeuge, 1984/85) von Peter Weir ist kaum denkbar. Mit beinahe meditativer Ruhe läßt der Australier Weir in seinem ersten Hollywoodfilm Harrison Ford als Großstadtpolizisten John Book in eine andere Welt eintauchen. In Philadelphia wird der achtjährige Samuel (Lukas Haas) Zeuge eines Mordes auf der Toilette des Hauptbahnhofes. Der Junge identifiziert einen Polizeibeamten als einen der Täter, und Book stößt bei seinen Ermittlungen auf einen Rauschgiftring, gesteuert von seinem Vorgesetzten (!), und gerät selbst in Lebensgefahr. Angeschossen und schwer verletzt, zieht er sich mit Samuel und dessen Mutter Rachel (Kelly McGillis) in deren Gemeinde zurück.

Meditative Ruhe auf dem Lande – Harrison Ford als verfolgter Cop in
›Witness‹

Denn Mutter und Sohn sind Amish, eine deutschstämmige
Gemeinschaft, die, 1693 gegründet, im 18. Jahrhundert in die
USA emigrierte und in Pennsylvania als Agrarkommune bis
heute existiert. Die friedlichen Amish People leben nach eigenen Gesetzen, bei ihnen gibt es keine Elektrizität, auch
kein Radio, keine Autos, kein Telefon, ihre Kleidung wird
durch Haken und Ösen zusammengehalten, Knöpfe sind Zeichen von Eitelkeit. Vor allem aber lehnen die Amish jegliche
Art von Gewalt und Gewaltanwendung ab: ein Stück Utopie
inmitten der harten Fortschrittswelt der USA.
In der Ruhe und Abgeschiedenheit der inmitten wogender
Kornfelder lebenden Amish-Gemeinde gesundet Book. Er

teilt für einige Zeit ihr Leben und baut – in der Schlüsselszene des Films – mit den anderen Mitgliedern der pazifistischen Kolonie eine Scheune auf. Gleichzeitig verliebt er sich in Rachel und beschwört dadurch unlösbare Konflikte für die Frau herauf. Die Idylle der beiden wird aufgebrochen, als die Killer(polizisten) auftauchen und Book in einen Kampf auf Leben und Tod verwickeln, den er nur mit Hilfe Samuels gewinnt. Er entscheidet sich für seine Welt und überläßt Rachel seinem Rivalen Daniel, einem Amish.

Books wundersame Reise in eine andere Kultur wird von Weir einfühlsam und nicht ohne Ironie gezeichnet. Die Amish haben sich als Farmer fern modischen Aussteigertums

›Witness‹ – ein achtjähriger Amish (Lukas Haas) identifiziert einen Cop als Mörder

eine eigene Gesellschaftsform aufgebaut, die sich dem Fortschrittswahn des modernen Lebens konsequent entzieht. Auf der anderen Seite bricht durch Book genau jene Gewalt ein, von der sich die Amish abgesetzt haben. Doch der Konflikt wird nicht bis zur Spitze getrieben: Die Amish bleiben bis auf Rachel und Samuel nur Statisten, müssen sich nicht wirklich entscheiden wie einst Ernest Borgnine in *Violent Saturday* (Sensation am Sonnabend, 1955), der als Amish-Farmer einem verschnupften Bankräuber (Lee Marvin) zeigt, zu was eine Heugabel auch gut sein kann, und dadurch sein Seelenheil verspielt. Und auch die Kehrseite des vorindustriellen Amish-Daseins wird auf eher zweitrangige oder ulkige Begleitumstände reduziert, etwa auf die Tatsache, daß man um halb fünf Uhr morgens aufstehen muß oder daß zur Heilung von Schußwunden auf die Errungenschaften der modernen Medizin durchaus verzichtet werden kann. Überhaupt ist das Drehbuch von Earl W. Wallace und William Kelley, trotz Oscar-Prämierung, der Schwachpunkt an diesem »Kulturstreit«. Nach der ersten halben Stunde, nachdem Book bei den Amish gelandet ist, verschwindet die alles auslösende Drogenaffäre im Hintergrund und kehrt erst zum Schluß in Gestalt des verbrecherischen Polizistentrios zurück. Und auch Book scheint sich während seines »Exils« nicht viele Gedanken zu machen, wie er seinen Hals wieder aus der Schlinge ziehen könnte. In der schönsten Szene des Films tanzt Book mit Rachel in dem Stall, in dem er seinen Wagen repariert, selbstvergessen zu der Musik von Sam Cookes »(What a) Wonderful World (it would be)«. Doch die Unterschiede sind zu groß. Book, der immer wieder aneckt, kehrt nach Philadelphia zurück.

Book ist in *Witness* nicht der Jäger, sondern der Gejagte. Diese Vertauschung der Rollen erfährt auch Charles Bronson, der in *Murphy's Law* (Murphys Gesetz, 1985) von J. Lee Thompson als Jack Murphy seit sechzehn Jahren bei der Mordkommission von Los Angeles arbeitet. Sein (titelgebendes) Gesetz lautet: »Wenn etwas schiefgehen kann, dann geht es auch schief.« Seit ihn seine Frau verlassen hat, ist es mit Murphy ständig bergab gegangen. Aber es kommt noch

Der Einbruch der Gewalt ins alternative Dasein – Harrison Ford in ›Witness‹

schlimmer: Ein Unbekannter schlägt ihn nieder, stiehlt seinen Wagen und tötet seine Ex-Frau. Murphy wird verhaftet, kurioserweise an die junge, ihm (dienstlich) nicht unbekannte Autodiebin Arabella (Kathleen Wilhoite) gefesselt. Mit Arabella im Handschellen-Schlepptau flieht Murphy dann, um seine Unschuld zu beweisen. Es bleibt jedoch nicht bei dem einen Mord, ein Richter und eine Bewährungshelferin werden die nächsten Opfer des sadistischen Killers, der alles so arrangiert, daß Murphy der Schuldige zu sein scheint. Am Ende kommt es in einem der berühmtesten Gebäude von Los Angeles, dem Bradbury-Building mit seinem riesigen Lichterhof und den geschwungenen Treppen, Korridoren und schmiedeeisernen Balkonen, zum Showdown. Als Todesengel stellt sich eine Psychopathin heraus, die Murphy einst verhaftet hatte. Jetzt jagt sie ihn gar mit der Armbrust. Doch bevor es zu dem spannenden Duell mit den echoreichen Effekten kommt, hat der Stoiker Bronson einige Mühe mit der Punk-Göre, die mit ihrer Leichtfüßigkeit und Schlagfertigkeit für einen reizvollen Kontrast sorgt: Kodderschnauze gegen mundfaulen Macho.

Zwei andere Konkurrenten im Polizeidienst waren Sylvester Stallone und Arnold Schwarzenegger. In *Cobra* (Die City-Cobra, 1986) von George Pan Cosmatos rottet Stallone als Spezialpolizist mit Sondervollmachten in Los Angeles eine Mörderbande aus. Dabei bedient er sich derart brutaler Methoden, daß der Film zu einem gewaltgeilen Action-Spektakel übelster Sorte verkommt. Von Polizeiethik wie in den besten Filmen ist keine Rede mehr. Es gilt nur das Schema: Ich bin gut, dort ist alles böse, und das muß ausgemerzt werden. *Cobra* ist wahrscheinlich der mieseste Copfilm aller Zeiten, in den Stallone auch noch seine damalige Ehefrau Brigitte Nielsen als funktionslosen Zierat einbrachte.

Etwas glücklicher war Arnie, der in *Raw Deal* (Der City-Hai, 1986) von John Irvin den FBI-Agenten Kaminski spielt, der wegen seiner unkonventionellen Methoden aufs flache Land abgeschoben wird, von seinem ehemaligen Chef (Darren McGavin) aber eine neue Chance erhält: Auf sich allein gestellt soll er die Chicagoer Mafia unterwandern. Leichen pflastern daraufhin seinen Weg, denn Arnie ballert nieder, was sich ihm in Spielhöllen, Bars und finsteren Gassen in den Weg stellt. In einer Kiesgrube erledigt er als eiskalter Killer im Dienste des Gesetzes die Gangster gleich en masse, zu den Klängen von »I can't get no satisfaction«. Das FBI und seine Frau nehmen ihn wieder auf. Doch dank eines gewissen ironischen Understatements, das Stallone völlig abgeht, kommt Schwarzenegger wesentlich besser als sein Rivale über die Runden.

Arnie und Sly sind wie Bronson mundfaul; zwei, die die Klappe einfach nicht halten können, sind dagegen Gregory Hines und Billy Crystal, die in *Running Scared* (Diese zwei sind nicht zu fassen, 1986) von Peter Hyams zwei vom Dienst suspendierte Polizisten spielen, die zunächst cool und relaxed in Florida Urlaub machen. Zurück in Chicago, kämpfen und kalauern sie sich durch den Drogendschungel. Das Ganze ist eindeutig als Jux angelegt, mit Witzen, Sprüchen und Action-Einlagen: Die Leiche des Bösen etwa fährt Rolltreppe, oder die Gangster versuchen mit einer Autofahrt über U-Bahn-Gleise, einem als Taxi getarnten Polizeiwagen zu entkommen. Dazu gibt es alberne Requisiten: zwei mechanische Weihnachtsengel, die im Kugelhagel zu singen anfangen, und eine mit einem Plüschdelphin besetzte Sommermütze.

Gregory Hines ist der schwarze Polizeidetektiv, doch es sollte Eddie Murphy vorbehalten sein, den Polizeifilm ohne weißen Co-Star auf die Ebene der feixenden Action-Komödie zu

Das rasende Mundwerk setzt sich durch – Eddie Murphy als ›Beverly Hills Cop‹

bringen. In den beiden Teilen von *Beverly Hills Cop*, 1984 von Martin Brest und 1987 von Tony Scott inszeniert, bringt er als Detective Alex Foley durch sein quirliges Mundwerk alle aus der Fassung und sich selbst in beste Positur. Die »schwarze Perle« der Polizei von Detroit fahndet während eines Urlaubs in Beverly Hills eigenmächtig nach den Mördern eines Freundes. Dabei liegt Foley im Dauerclinch mit den dortigen Kollegen, allesamt überkorrekt und immer etwas tolpatschig, und schockiert nachhaltig die bornierten Reichen Kaliforniens. Mit seiner vorlauten und vulgären Art mischt der Gossen-Detektiv die feine Schickeria auf. Jeans, Turnschuhe und vergammeltes Sweatshirt sind die äußerlichen Kennzeichen von Foley, der seine Auftritte zu Kabarettnummern hochsteigert. Ob er sich nun in einem exklusiven Hotel ein Zimmer ergattert oder sich wie ein Chamäleon den schwulen

Illegal, was ist das? – Eddie Murphy in ›Beverly Hills Cop 2‹

›*Eight Million Ways to Die*‹ – Rosanna Arquette als Spielball im Drogengeschäft

Manierismen der Kunst-Gesellschaft anpaßt: stets krakeelt er sich in jene Häuser oder Gruppierungen, die ihn normalerweise nie aufnehmen würden. Als Auftraggeber des Mordes entlarvt er schließlich einen schwulen Kunsthändler, und im Finale wird dann so richtig Ernst gemacht, d. h., Bullen wie Gangster vertrauen wieder auf die Vorteile extensiven Schußwaffengebrauchs.

Nach beinahe demselben Muster verfährt der zweite Teil: Wieder zirbelt der renitente Underdog aus der Automobilstadt kräftig an den Palmen der Reichen, auch wenn diesmal der Schwung etwas raus ist. Foleys Gegenspieler sind diesmal Jürgen Prochnow als Gangsterboß und Brigitte Nielsen als eiskalte Killerin.

Beide Filme wurden Riesenhits und sind die bislang erfolgreichsten Polizeifilme der Geschichte mit Einnahmen von
über zweihundert Millionen Dollar. Probleme der möglichen
Illegalität von Foleys Aktionen kommen bei der pausenlosen
Action- und Wortwitz-Dramaturgie der Filme erst gar nicht
auf: Das hier ist pures Entertainment. Dazu gehört auch, daß
der Plot der Geschichten so einfach wie möglich gehalten
wurde, und von einer eigenständigen Regieleistung nicht die
Rede sein kann: Kamera läuft, Eddie ab, Cut. Danke, das
war's.
Eine gänzlich andere, dem Polizeifilm wesentlich angemesse-
nere Sprache schlägt Hal Ashbys *8 Million Ways to Die* (Acht
Millionen Wege zu sterben, 1986) an, Mitarbeit am Drehbuch: Oliver Stone. Lawrence Blocks Thriller-Serie um einen
alkoholsüchtigen Ex-Polizisten in Los Angeles lieferte die
Vorlage. Matt Scudder (Jeff Bridges) tötet bei einem Einsatz
einen unbewaffneten Dealer. Er wird vom Dienst suspendiert
und verfällt zum Säufer, doch bei den Anonymen Alkoholi-
kern findet er Hilfe. Als ein Callgirl getötet wird, das ihn um
Schutz gebeten hatte, erleidet er einen Rückfall. Die Freundin der Toten, Sarah (Rosanna Arquette), motiviert Matt,
den Kampf gegen die kubanische Drogen-Mafia wieder aufzunehmen. Nach einer ebenso tödlich-ernsten wie hyste-
risch-lächerlichen Austauschaktion, Sarah gegen eine von
Matt gekaperte Kokainladung, erschießt Matt den piekfei-
nen und aalglatten Dealer Angel (Andy Garcia) schließlich
unter einer Zahnradbahn.
Den Tenor der Geschichte setzt gleich die erste Szene. Eine
Stimme im Off sagt: »Weißt du, was wir in dieser Stadt haben?
Wir haben acht Millionen Möglichkeiten zu sterben«; dann
kippt die Kamera, die bisher über ein Meer von Häusern ge-
flogen war und sich auf dem Freeway einem Polizeiauto genä-
hert hatte, in die Vertikale und hebt die Welt aus den Angeln.
Diese Verfremdung des Blickpunkts entspricht der Perspektive Matts, der in dieser Story um Koks-Dealer, Callgirls und
König Alkohol an einem toten Punkt angelangt ist, in der
Schwebe hängt. Dann kippt Ashby seinen Film über die Stadt
der verlorenen Engel wiederum in eine andere Richtung:

Nun geht es um die Rettung zweier Menschen, die sich zwar aus eigener Kraft, aber mit gegenseitiger Hilfe und mit der Waffe in der Hand aus dem Sumpf ziehen. Das mag nicht ganz den Gesetzen der Wahrscheinlichkeit entsprechen, ist

Jeff Bridges in seinem letzten Einsatz – ›Eight Million Ways to Die‹ von Hal Ashby

aber – vor allem wegen Jeff Bridges und seiner eindringlichen Darstellung – einer der sehenswertesten Polizeifilme der letzten Jahre.

Eine Verfremdung ganz anderer Art – durch den Schauplatz – ist in *Off Limits* (Saigon, 1987) von Christopher Crowe zu besichtigen: Im Saigon des Jahres 1968 suchen vor dem Hintergrund des Vietnam-Krieges die CID-Agenten Buck (Willem Dafoe) und Albaby (Gregory Hines) einen Prostituiertenmörder: Das ist inszeniert wie die TV-Serie *Miami Vice,* nur noch greller, blutiger und sinnloser. Beinahe so wie der Spruch, der *Manhunter* (Blutmond, 1986) von Michael Mann, Produzent von *Miami Vice,* bestimmt: »Hast du jemals Blut im Mondlicht gesehen? ... Es sieht schwarz aus.« Der Ex-FBI-Agent Will Graham, der einen sechsten Sinn für psychopathische Killer hat (und den dieses »Einfühlungsvermögen« selbst an den Rand des Zusammenbruchs getrieben hat), wird reaktiviert und macht sich in der Zeit zwischen zwei Vollmonden auf die Suche nach einem mondsüchtigen Massenmörder, der ganze Familien abschlachtet. Beide Filme laufen so kalt, mechanisch und vorhersehbar ab wie *Above the Law* (Nico, 1987) von Andrew Davis, in dem der Polizeioffizier Nico Toscani (Steven Seagal), Vietnam-Veteran und Akido-Meister, gegen südamerikanische Killer und CIA-Agenten antritt, die einen US-Senator ermorden wollen. Dabei hat Nico ausgiebig Gelegenheit, wie Chuck Norris seine Kampfkünste vorzuführen. Und der Showdown ist von ausgesuchter Brutalität.

Im Gewand der Science-fiction tritt der *RoboCop* von Paul Verhoeven (1987) auf, ein Cyborg und Maschinenmann (Peter Weller), der im Jahre 1999 in Detroit als Heavy-Metal-Cop mit dem Gesindel auf den Straßen aufräumen soll. Eigentlich ein totgeschossener Cop, dessen Restorgane auf dem OP-Tisch metallisch neu zusammengesetzt wurden, hat der RoboCop Murphy dennoch menschliche Gefühle behalten. Und das bringt Probleme mit sich, denn der RoboCop entzieht sich nach und nach allen Manipulationen und wendet sich zuletzt gegen seine »Schöpfer«. Viel Blut, viele Leichen und noch mehr Kraftmeierei wurden aufgeboten, um

›Eight Million Ways to Die‹ – Jeff Bridges

diese »Idee« zu plakatieren, doch das Ergebnis ist enttäuschend.

Eine ganz andere Tendenz der Polizeifilme nehmen Filme wie *Dragnet* oder *The Untouchables* auf: alte US-TV-Serien im neuen Kinogewand. *Dragnet* (Schlappe Bullen beißen nicht, 1987) von Tom Mankiewicz vereint den superkorrekten Joe Friday (Dan Aykroyd) und den locker-flippigen Pep Streebek (Tom Hanks), die als ungleiches Paar mit einer Gangsterorganisation mit dem Namen P.A.G.A.N. (Volksbewegung gegen das Gute und Normale) aufräumen: Dahinter stecken ein Pornokönig, ein nur scheinbar frommer Reverend und die Polizeipräsidentin, die die Macht über Los Angeles unter sich

*Die Renaissance der TV-Serie – Andy Garcia, Sean Connery, Kevin Cost-
ner und Charles Martin Smith in ›The Untouchables‹*

aufteilen wollen. Doch Joe und Pep wissen das zu verhindern. *Dragnet* basiert auf der gleichnamigen TV-Serie
(»Stahlnetz«) aus den fünfziger Jahren. Die zwischen 1959
und 1963 entstandene TV-Serie »The Untouchables« (bei uns
»Chicago 1930«) war die Basis für David Mamets Drehbuch
für den gleichnamigen Film *The Untouchables* – Die Unbestechlichen (1987) von Brian de Palma inszeniert. Für vier-
undzwanzig Millionen Dollar entstand eine Rarität, ein histo-
rischer Polizeifilm, der im Sommer/Herbst 1987 zu einem der
erfolgreichsten Polizeifilme an der Kinokasse wurde.
De Palma versammelte Kevin Costner als Eliot Ness, Robert
de Niro als Al Capone, Sean Connery als irischen Streifenpo-

lizisten Jimmy Malone, Andy Garcia als den italienischen Scharfschützen Stone und Charles Martin Smith als Wallace, den Buchhalter mit Mumm, dazu Ennio Morricone für die Musik und Stephen H. Burum für die Scope-Kamera. Ein Rezept, das aufging, denn die Story ist so klar und einsichtig wie ein Western-Schema. Der alles beherrschende Gangster Al Capone wird von dem idealistischen Bundespolizisten Eliot Ness attackiert und nach einigen Rückschlägen schließlich auf dem Umweg über eine Steuerhinterziehungsaffäre zur Strecke gebracht. Dabei wirken die vier Unbestechlichen (in Wirklichkeit waren es zehn, aber an Fakten war de Palma nur am Rande interessiert) ein wenig wie »Die letzten Musketiere« in der Gangsterwelt der Flüsterkneipen, Autoverfolgungsjagden und Schießereien. Höhepunkt ist das Feuerge-

Tour de force durch amerikanische Mythen – Kevin Costner in ›The Untouchables‹

fecht im Hauptbahnhof von Chicago, das wie eine – allerdings durchaus funktionierende – Modernisierung der entsprechenden Szene aus Eisensteins *Panzerkreuzer Potemkin* abläuft: Während Ness und Stone sich mit den Gangstern schießen, müssen sie gleichzeitig verhindern, daß ein die riesige Treppe hinunterpolternder Kinderwagen umkippt.

The Untouchables lebt vor allem von den Schauspielerleistungen: Kevin Costner ist ein anfangs ziemlich bläßlicher, sehr integrer Eliot Ness, der sich zu einem richtigen Killerpolizisten mausert (die Szene, in der er den Gangster Frank Nitti, wiederum entgegen den historischen Fakten, vom Dach des Gerichtsgebäudes wirft, ist von schockierender Brutalität). Garcia verleiht dem treffsicheren Stone Coolness, gepaart mit Aufsteigerenergie. Smith ist der scheinbar pedantische Buchhalter, der jedoch über sich selbst hinauswächst und dafür mit seinem Leben bezahlt. Herz des Ganzen ist jedoch Sean Connery, der als Malone die treibende Kraft hinter Ness ist und entscheidend zu den Schachzügen der vier beiträgt. Die Rolle brachte Connery einen verdienten Oscar als bester Nebendarsteller.

Teams wie diese sind jedoch selten, meist machen nach wie vor zwei Partner die Runde. So auch Sam Elliott und Peter Weller in *Shakedown* (*Blue Jean Cop,* 1987) von James Glikkenhaus: Elliott als Jean Cop (ein Codewort für Undercover-Agent), Marks vom Rauschgiftdezernat und der Rechtsanwalt Dalton (Weller) gehen gemeinsam gegen die mit dem Superstoff Crack dealenden Gangster vor und raufen sich zusammen.

Oder Sean Connery als Lieutenant-Colonel Caldwell von der Militärbasis Presidio an der Golden-Gate-Brücke, der sich in *The Presidio* (1987) von Peter Hyams mit Mark Harmon als Jay Austin, Inspektor der Mordkommission, zusammentut, um den Mord an einer Militärpolizistin aufzuklären. Caldwells Tochter (Meg Ryan) verliebt sich dabei natürlich in Austin, was weitere Komplikationen ergibt. *The Presidio* enthält drei blendend inszenierte Verfolgungsjagden (Hyams einzig wirkliche Stärke), alles in Cinemascope, eine der drei per pedes durch San Franciscos Chinatown.

›The Untouchables‹ – Sean Connery erklärt Kevin Costner die einzig brauchbare Methode gegen Al Capone

Eine Neuauflage des FBI-Films im angeblich gesellschaftskritischen Gewand erlaubte sich Alan Parker 1988 mit *Mississippi Burning* (Mississippi Burning – Die Wurzel des Hasses): Die Spezialagenten Anderson (Gene Hackman) und Ward (Willem Dafoe), der eine Ex-Südstaaten-Sheriff, der andere Harvard-Jurist, sollen, man schreibt das Jahr 1964, in Jessup County im Bundesstaat Mississippi das Verschwinden dreier Bürgerrechtler aufklären: Zwei weiße Collegestudenten aus dem Norden und ein einheimischer Schwarzer sind offensichtlich dem Ku-Klux-Klan zum Opfer gefallen. Trotz der Eskalation der Gewalt, trotz diverser weiterer Brand- und Mordanschläge kommen die beiden unterschiedlichen Männer nicht voran: Der Rassenhaß und die Angst der Schwarzen bilden eine Mauer des Schweigens. Erst als die Frau eines

Hilfssheriffs ihren Mann belastet und den Ort, an dem die Leichen vergraben sind, verrät, haben Anderson und Ward Erfolg. Jedoch nicht mit den korrekten Mitteln, die Ward verfolgt, sondern mit den rabiaten und trickreichen Methoden Andersons (Gene Hackman erhielt 1989 in Berlin für seine Rolle den Silbernen Bären), der hier exemplarisch die Strategie »Terror gegen Terror« als Konzept der Verbrechensbekämpfung vorführt.

Parkers von gewalttätigen Eruptionen durchsetzter FBI-Thriller ist wegen seiner (historisch unhaltbaren) Glorifizierung des FBI und wegen seiner Tendenz, die Rolle der Bürgerrechtler und der Schwarzen zu verfälschen (sie sind mehr oder weniger Randfiguren des Dramas), heftig kritisiert worden. Ein Gospel-Song (»Wir können nicht die Zukunft schauen«) beendet den Film, während Anderson und Ward, die dennoch keine Buddies geworden sind, davonfahren.

In *Stake-Out* (Die Nacht hat viele Augen, 1987) von John Badham erhalten Richard Dreyfuss als Fahnder Chris und Emilio Estevez als sein Partner Bill die Aufgabe, die attraktive Maria (Madeleine Stowe) zu beobachten und auszuhorchen, um durch sie an den Polizistenmörder Richard (Aidan Quinn) zu gelangen. Doch Chris verliebt sich Hals über Kopf in Maria und beschwört dadurch eine wirklich komische Situation herauf, da er sich nun gezwungen sieht, seine Kollegen wie auch den Gangster an der Nase herumzuführen. Die ungewöhnliche Romanze endet mit einem brutalen Zweikampf in einem Sägewerk, bei dem Richard umkommt. Badham setzt die Nordwest-Metropole Seattle dabei als Schauplatz ungewöhnlich gut in Szene, seine Regie ist kompetent, wenngleich ohne Exzesse.

Vor der prächtigen Naturkulisse der Rocky Mountains läuft *Shoot to Kill/Deadly Pursuit* (Mörderischer Vorsprung, 1987) von Roger Spottiswoode ab. Spottiswoode, ehemals Cutter bei Sam Peckinpah, Drehbuchautor für Walter Hill und Regisseur von *Under Fire* (1983), demonstriert dabei, was eine gute Ausbildung und guter Umgang wert sein können. Der Film beginnt in San Francisco, wo Sidney Poitier als FBI-Agent einem ungewöhnlich skrupellosen Geiselgangster nachsetzt. Doch der Mann entkommt, hinterläßt zwei Leichen und eine düpierte Polizei. Eine Spur weist in die Berge zur kanadischen Grenze, doch der Stadtbulle Poitier hätte in der Wildnis keine Chance, wäre da nicht der Einsiedler und Bergführer Tom Berenger, dessen Freundin sich nun in den Händen des Killers befindet. Der wortkarge, eigensinnige Berenger und der witzige, ebenso eigensinnige Poitier, der hier sein Comeback lieferte, geben dabei ein gutes Gespann ab. Die beiden überstehen diverse Kletterpartien und Abstürze, einen Schneesturm und nicht zuletzt die Begegnung mit einem Grizzlybären. Schließlich stellen sie den Flüchtigen auf einer Fähre im Hafen von Vancouver, wo Poitier wiederum den kürzeren ziehen würde, wäre Berenger nicht rechtzeitig zur Stelle. Spottiswoode fehlt vielleicht die verrückte, fiebrige Intensität, die Peckinpahs beste Arbeiten auszeichnet, aber die Art, wie er Schockmomente einsetzt

›Mississippi Burning‹ – Gene Hackman gegen den Ku-Klux-Klan

Der Großstadtbulle jenseits seines Elements – Sidney Poitier in ›Shoot to Kill‹

oder in eigentlich ausgeleierte Situationen originelle Akzente einbringt, stellt ihm eine gute Zukunft in Aussicht.
Mehr mit Muskelkraft und Stehvermögen geht der schwarze

Cop Carl Weathers als Jericho Jackson in *Action Jackson* (1987) von Craig R. Baxley vor. In Detroit bekommt er es mit einem mächtigen Industriellenboß zu tun, der eine Mordserie in Auftrag gegeben hat, um seinen politischen Aufstieg zu sichern, und der zudem im Drogengeschäft tätig ist. Jackson, Harvard-Absolvent in Tausend-Dollar-Anzügen, löst den Fall mit Hilfe der attraktiven, jedoch drogenabhängigen Sängerin Sydney (Vanity). Sydney legt sich mit Sex ins Zeug, während Jackson den Bizeps spielen läßt. Einmal gewinnt er sogar einen Wettlauf gegen ein Taxi.

Filme wie *Action Jackson* oder *Above the Law* wirken eher wie verfilmte Comics, als daß sie echte Polizeifilme wären. Oder sie setzen auf Männerfreundschaften im Buddy-Stil: Zwei grundverschiedene Typen/Personen/Menschen müssen durch dick und dünn. Das kann relativ gut gehen, wie in *Midnight Run* (1987) von Martin Brest, in dem sich der Ex-Cop Robert de Niro mit dem Mafia-Buchhalter Charles Grodin, den er pünktlich abzuliefern hat (de Niro ist ein moderner Kopfgeldjäger), quer durch die USA abplagen muß: ein komödiantisches Schauspielerduell mit vergleichsweise wenigen Action-Einlagen. Oder das Ganze lockt nur ein müdes Lächeln hervor, wie *Rent-A-Cop* (1987) von Jerry London, in dem Burt Reynolds an die ziemlich hysterische Liza Minnelli gerät und sie vor einem Killer rettet.

Wesentlich interessanter wird es, wenn die Polizisten selbst psychische Störungen aufweisen. James Woods als Sergeant Lloyd Hopkins vom Morddezernat in Los Angeles ist so ein *Cop* (Der Cop, 1987, von James B. Harris, nach einer Romanfigur von James Ellroy). Nachdem in L. A. reihenweise Frauen auf bestialische Weise ermordet wurden, verweist Hopkins auf einen Triebtäter. Doch keiner will Hopkins diese These abnehmen. Verbissen macht sich der Cop, der glaubt, er müsse die Frauen von allen romantischen Vorstellungen über Männer befreien, auf die Suche. Doch Hopkins fängt seinen Kreuzzug in der eigenen Familie an, wodurch diese prompt auseinanderbricht. Mit Hilfe einer feministischen Buchhändlerin (Lesley Ann Warren) kommt er dem Killer schließlich auf die Spur und erschießt ihn, ganz so, als wolle er sein eigenes, anderes Ich töten (wie Clint Eastwood in *Thightrope*). Eine schöne Nebenrolle hat Charles Durning als Woods' Mentor bei den Polizeigewaltigen.

Ganz und gar schizophren ist Mel Gibson in *Lethal Weapon* (Zwei stahlharte Profis, 1987) von Richard Donner. Als Steigerungsform von Popeye Doyle und Travis Bickle spielt »Mad Max« den Scharfschützen, Karatekämpfer und Detective Martin Riggs, tätig im Rauschgiftdezernat von Los Angeles. Seit seine Frau bei einem Verkehrsunfall getötet wurde, denkt Riggs ständig an Selbstmord. Folglich erscheint er bei seinen Einsätzen unberechenbar und todessehnsüchtig, folglich ist er bei seinen Kollegen alles andere als beliebt. Mit dem schwarzen Detective Roger Murtaugh (Danny Glover), einem zurückhaltenden, treusorgenden Familienvater, wird er bei der Untersuchung eines angeblichen Selbstmordes eingesetzt.

Der Vater der Toten ist ein Kriegskamerad von Murtaugh und verlangt: »Such den Mörder und bring ihn um.« Damit beginnt einer der schwärzesten Polizeifilme der achtziger Jahre, ein Alptraum aus Gewalt, Folter und Aggression, denn Martin und Roger sind ein explosives Team, vor allem Martin, der diesen Auftrag in jeder Weise nutzt, um sich zu exponieren. Die beiden kommen einem Rauschgiftring aus hohen Militärs und Ex-Vietnamkämpfern auf die Spur, denen erst Murtaughs Tochter und dann auch Martin in die Hände fällt. Martin wird brutal in die Mangel genommen, dennoch gelingt es ihm, sich zu befreien, und die finale Abrechnung mit den Gangstern kommt einem Amoklauf gleich. In einer Parallelhandlung kümmert sich Roger um seinen verrückt-verzweifelten Partner und erzieht ihn wieder zu einem verantwortungsvollen, halbwegs vernünftigen Menschen.

Wie in einer großen, etwas leichtlebigen Familie sind auch die Bullen aus New Orleans in *The Big Easy* (Der große Leichtsinn, 1987) von Jim McBride organisiert. Dennis Quaid als Lieutenant Remy McSwain von der Mordkommission verliebt sich hier in Anne Osborne (Ellen Barkin), eine Staatsanwältin, die ausgerechnet in Sachen Polizeikorruption tätig ist. Ihretwegen klärt Remy eine Drogenaffäre innerhalb des Poli-

Schonungsloser Blick auf das Los Angeles von heute – Robert Duvall und Sean Penn in Dennis Hoppers ›Colors‹

zeiapparates auf und verliert dadurch seinen besten Freund (Ned Beatty). *The Big Easy* ist, was in diesem Genre selten vorkommt, auch ein hübsch erotischer Film, aber die reizvolle Kulisse von New Orleans und den Bayous wird nur angerissen, und für einen handfesten Polizeithriller ist das Drehbuch schlicht zu dünn und uninspiriert.

Dagegen ist *Die Hard* (Stirb langsam, 1988) von John McTiernan ein vergleichsweise geradezu wüster Action- und Schlagetot-Film. Bruce Willis spielt den Polizeibeamten John McClane, der zu Weihnachten von der Ostküste nach Los Angeles kommt, um sich mit seiner Karriere-Frau zu versöhnen. Dabei stößt er auf ein Terroristenkommando, das an die millionenschweren Wertpapiere der Firma will, in der seine Frau beschäftigt ist und wo man gerade ein Betriebsfest feiert. Und da ein Polizist immer im Dienst ist, befreit McClane seine Frau und die festgesetzten Angestellten der Firma, indem er mit den Terroristen in dem Hochhauslabyrinth Katz und Maus spielt und sie in der Art der »zehn kleinen Neger-lein« nach und nach killt und dabei das halbe Hochhaus in Schutt und Asche legt. McClane erscheint bei dem Spektakel als ein zwar ganz sympathisches, aber wenig überzeugendes Stehaufmännchen, so wie die Terroristen mal wieder nur ab-grundtief böse (und ziemlich dämlich dazu) sind.

Weitaus realistischer, engagierter und überzeugender war Dennis Hoppers *Colors* (Farben der Gewalt, 1987/88), der *The New Centurions* fortsetzt. Geschildert werden die Ein-sätze der Polizei gegen die Straßenbanden in L. A., die sich durch die titelgebenden Farben voneinander absetzen und ganz ungeniert Krieg um Marktanteile in punkto Drogenhan-del treiben. Robert Duvall und Sean Penn als gegensätzliches Polizistenteam drehen ihre Runden und finden sich nach un-zähligen Verfolgungsjagden, Verhaftungen und Schießereien am Ende nur wieder dort, wo sie anfingen. Duvall wird kurz vor seiner Pensionierung erschossen, Penn macht weiter. Zwischendurch hat er eine kurzlebige Affäre mit einer hüb-schen Mexikanerin (Maria Conchita Alonso). Dabei ist Hop-per nicht so sehr an den Mechanismen des Genres interes-siert, sondern an der Realität der Gangs, deren siebzigtau-send Mitgliedern nur etwa zweihundert Beamte vom C.R.A.S.H. (Community Resources Against Street Hood-lums) gegenüberstehen. Eine Bilanz, die erschreckend ist: 1987 gingen dreihundertsiebenundachtzig Morde auf das Konto der Gangs.

Den wohl elegantesten Polizeifilm des Jahrzehnts drehte Rid-ley Scott 1987 mit *Someone to Watch Over Me* (Der Mann im Hintergrund). Tom Berenger als Polizei-Detective Mike Kee-gan aus New Yorks Stadtteil Queens muß sich hier als Leib-wächter der schönen, reichen und gebildeten Mordzeugin Claire (Mimi Rogers) betätigen. Mike kann den Killer, der nun auch Claire bedroht, zwar stellen, muß ihn aber wegen eines Formfehlers wieder laufenlassen. Der Psychopath be-mächtigt sich daraufhin Mikes Familie, und Mike geht eigent-lich chancenlos in den Showdown. Doch seine Frau kann den Killer mit Mikes Dienstwaffe erschießen.

Über diese ziemlich vorhersehbare und bestimmt nicht originelle Geschichte schiebt sich jedoch die eigentliche: Mike ist von der Luxuswelt Claires in Manhattan derart fasziniert, daß er anfängt, seine Familie zu vernachlässigen. Als er mit Claire auch noch ein Verhältnis beginnt, wird er von seiner Frau verlassen. Doch Claire verzichtet schließlich auf ihn, der Cop aus der Unterschicht steigt nicht in die Oberklasse auf. Scott hat das mit sehr viel Sinn für das Dekor und ein prägsame Details (Claires Spiegelkabinett, die Kontraste von Anzügen und Krawatten) stilsicher und mit ausgefallenen Kameraperspektiven vortrefflich verfilmt.

Der Polizeifilm hat, im Gegensatz etwa zum Western, keine nahezu ausschließlich im Genre tätigen Regisseure hervorgebracht. Dennoch gibt es einen Filmemacher, der sich in bislang vier Produktionen auf den Polizeifilm eingelassen hat und es dank seiner handwerklichen Virtuosität geschafft hat, neue Impulse und Überdrehtheiten in das Genre einzubringen. Die Rede ist von Walter Hill und seiner abstrakten Action-Welt. Hill, Jahrgang 1942, hatte als Drehbuchautor (u. a. für Sam Peckinpahs *The Getaway*) und Regieassistent angefangen, bevor er 1974 mit dem atmosphärisch ungewöhnlich stimmigen Straßenkämpfer-Film *Hard Times/The Streetfighter* (Ein stahlharter Mann, mit Charles Bronson) als Regisseur debütierte.

Bereits sein zweiter Film, der hierzulande weitgehend unterschätzte *The Driver* (Driver, 1978), nähert sich dem Polizeifilm. Mit der Geschichte des Fluchtfahrers Ryan O'Neal, der Ganoven verschiedenster Couleur zum »Einsatz« chauffiert und (immer wieder) der Polizei entkommt, gestaltet Hill ein Action-Ballett quietschender Reifen, heulender Sirenen, rasender Autos und wahnwitziger Karambolagen. Dem Driver hinterher ist der fanatische Detective Bruce Dern, der frustriert zu zunehmend illegalen Mitteln greift. Auch dieser Polizist begreift seinen Dienst mehr und mehr als Vorwand für ein Duell mit hohem Einsatz. So bedient er sich der mysteriösen Pokerspielerin Isabelle Adjani, die eine Zeitlang mit O'Neal liiert ist, um den Driver in die Enge zu treiben. Doch dieses Vorhaben scheitert letztlich ebenso wie die Erpressung

eines Gangstertrios, das für einen Überfall den Driver enga-
gieren soll. Am Ende steht Dern ohne Beweise da, und die
Männer gehen auseinander, bis zur nächsten Runde ...

In *Driver* ist bereits das ganze Universum des Walter Hill angelegt. Fast immer ist es Nacht, macht die unübersichtliche,
nur von Lichtpunkten markierte Asphalt-Landschaft der
Großstadt das Spiel um Überfälle, Fluchten und Verfolgungsjagden zu einem ritualisierten Kampf. Deshalb brauchen die
Personen auch keinen Namen: Driver, Detective, Spielerin,
das genügt zur Charakterisierung. Wie in vielen anderen Polizeifilmen ist die Situation zwischen Gesetz und Verbrechern
klar abgesteckt, sind klare Fronten, genau definierte Ziele
gegeben, aber oft keine Handlungsmotive. Die braucht Hill
insofern nicht, als das Spiel den eigenen Regeln genügt. Jochen Brunow: »Bei der Charakterisierung seiner Helden verzichtet Hill auf eine Hintergrundgeschichte oder eine psycho-
logische Motivation. Das alles hält er für großen Unsinn. Er
glaubt, man erfahre über eine Figur viel mehr, wenn man sie
beobachtet, wie sie unter Anspannung agiere, wie sie auf Gefahr reagiere. So wirken die Schauspieler in seinen Filmen
nicht durch die Art ihres Spiels. Bei der Zeichnung der Figuren setzt Hill lieber Akzente durch Ausstattung und Accessoi-
res.«

Ein gutes Beispiel dafür liefert Hills zweiter Polizeifilm: *48
Hrs.* (Nur 48 Stunden, 1982), der nach dem vieldiskutierten
Bandenfilm *The Warriors* (1978), dem blutrünstigen Western
The Long Riders (1979) und der brillant klaustrophobischen
Vietnam-Parabel *Southern Comfort* (1981) entstand. Das
Drehbuch – Hill arbeitet stets mit, schreibt aber kein Skript
allein – führt zwei Typen zusammen, wie sie unterschiedlicher
nicht sein könnten. Nick Nolte ist der Polizei-Detective Jack
Cates, ein notorischer Einzelgänger, der sich die Erlaubnis
einholt, den Gefängnisinsassen Reggie Hammond (Eddie
Murphy) für achtundvierzig Stunden aus dem Knast auszulei-
hen. Hammond soll ihm beim Aufspüren des gemeingefährlichen Sträflings Albert Ganz (James Remar) helfen, der sich
mit Hilfe eines indianischen Komplizen aus einer Arbeitsko-
lonne freigeschossen hat und der jetzt San Francisco unsicher

›Driver‹ – Ryan O'Neal als Fluchtwagenfahrer

macht, um eine halbe Million aus einem früheren Überfall wieder aufzutreiben. Die Jagd beginnt.

Doch Reggie, der mit Ganz auch noch eine Rechnung offen hat, ist alles andere als der übliche schwarze Statist oder Onkel Tom. So wie Eddie Murphy ihn spielt (quasi als Vorstudie zu seinem *Beverly Hills Cop*), sprüht Reggie über vor Selbstbewußtsein und Schlagfertigkeit und schreckt vor keiner Obszönität zurück. Das führt in einer Szene dazu, daß Reggie (ausgestattet mit Cates' Polizeimarke) in einem Hillbilly-Lokal willkürlich die Gäste herumschubst und entwaffnet: So einen Polizeigehilfen hat man noch nie gesehen. Äußerlich ist er mit seinem teuren Armani-Anzug, seiner Vorliebe für Diskomusik und Sportwagen das genaue Gegenteil zu dem massigen, wortkargen und brutalen Jack, mit dem er sich natürlich erst kräftig raufen muß, bevor die »wunderbare

Freundschaft« funktioniert. Die Jagd endet in Chinatown, wo Hammond den Indianer erschießt und Jack Cates den Verbrecher Ganz. Dann sind die achtundvierzig Stunden vorüber, und Cates verspricht Hammond, die Beute gewissenhaft zu verwahren.

Hill erzählt diese im Grund sehr simple Geschichte ungeheuer direkt, kraftvoll und mit einer Wucht, daß die Gewalt beinahe physisch spürbar wird. Seine rasanten Schnittfolgen lassen keine Entspannung zu und treiben die Story und die gewitzten Dialoge mit Höchstdruck voran. Und so geht es auch weniger um fehlgeleitetes menschliches Handeln als um das abstrakte absolut Böse, gegen das Reggie und Jack kämpfen. Erst dadurch kann der Gesetzesbrecher Reggie zum positiven Helden des Films werden. Die Grundstruktur der Story – in einer festgesetzten Zeit jemanden zu fangen – stammt aus Siegels *Madigan,* und die Entstehungsgeschichte ist exemplarisch für Hollywood. Hill dazu: »Die Idee zu *48 Hrs.* – von einem Bullen und einem Häftling, die für achtundvierzig Stunden zusammenhalten müssen – stammt von Larry Gordon, dem Produzenten. Ich denke, er hat sie schon um 1971 gehabt. Eine Menge Autoren hat daran gearbeitet. '75 oder '76 hat dann Roger Spottiswoode angefragt, ob er ein Drehbuch daraus machen dürfte. Ich wurde an der Sache beteiligt, sollte mitschreiben, Ratschläge einbringen und so, aber Roger hat die Hauptarbeit geleistet. Dann verging einige Zeit, und Tracy Keenan Wynn überarbeitete das Buch von Roger und mir. Dann ging es von Columbia zu Paramount, und Paramount sagte: ›Machen wir doch eine Fassung für Clint Eastwood.‹ Sie beauftragten mich mit der Überarbeitung, mit Eastwood als dem *Bösewicht.* Nun denn, das habe ich gemacht, aber bei der Ablieferung sagte ich, daß ich nicht glauben würde, daß es funktioniert, daß es am besten wäre, wenn Richard Pryor den Gangster spielen würde und jemand wie Eastwood den Bullen. Aber damals, '78 oder '79, schien niemand der Ansicht zu sein, daß dies eine sonderlich gute Idee sei ...« Und das war lediglich der Anfang, und berücksichtigt man die Tatsache, daß der fertige Film seine eigentliche Stärke der konsequenten Regie und Montage und der

Präsenz von Eddie Murphy und Nick Nolte verdankt, dann wundert man sich, wie bei dieser zögerlichen und umständlichen Verfahrensweise überhaupt noch Filme zustande kommen.

›48 Hrs.‹ – Eddie Murphy in seinem Spielfilmdebüt

Hills nächster Polizeifilm – nach dem wunderbar mißglück-
ten Rock-Film *Streets of Fire* (Straßen in Flammen, 1983) und
der lahmen Bluesballade *Crossroads* (1986) – führt nach
Texas. In *Extreme Prejudice* (Ausgelöscht, 1987) spielt Nick
Nolte den Texasranger Jack Benteen, der in Ausübung seines
Jobs mit seinem alten Freund Cash Bailey (Powers Boothe)

›48 Hrs.‹ – Nick Nolte am Beginn einer wunderbaren Freundschaft

aneinandergerät. Bailey hat sich in Mexiko ein Drogenimperium aufgebaut und kontrolliert mit seiner Privatarmee die Gegend an der Grenze um El Paso. Der für Benteen beinahe aussichtslose Kampf wendet sich, als eine im Untergrund operierende Spezialeinheit der Armee (sechs offiziell gefallene Soldaten) eingreift und Baileys Leute in einem Gefecht in dessen Hauptquartier aufreibt, wobei die Männer wie in Peckinpahs *The Wild Bunch* alle umkommen. Benteen tötet Bailey in einem Duell und verläßt mit Sarita (Maria Conchita Alonso), die von beiden geliebt wurde, den Ort.

Auch hier spielt Hill geradezu meisterhaft mit Western-Motiven, aber im modernen Gewand: mit dem Bruch von Freundschaften, mit dem Bild vom einsamen, gerechten Sheriff, der gegen einen übermächtigen Gegner angehen muß, mit dem Preis des Überlebens in einer konsumorientierten, traditionslos gewordenen Gemeinschaft. Bailey etwa kontrolliert seinen Machtbereich vom Helikopter aus, die geheimen Soldaten bedienen sich modernster Waffentechnik und Kommunikationsmittel. Die Moral, wenn denn so etwas bei Hill angelegt ist, spricht der alte Sheriff Hank Pearson (Rip Torn) aus, der auch auf der Strecke bleibt. Er bringt die Unterschiede zwischen dem verschlossenen Benteen (zugeknöpft bis zum letzten Hemdknopf) und dem verschlagenen Bailey auf den Punkt: »Der richtige Weg ist immer der schwierigste, und der falsche am leichtesten. Ein Gesetz der Natur. Genau wie Wasser immer den Weg mit dem geringsten Widerstand sucht. Und so wie es schmutzige Flüsse gibt, gibt es auch schmutzige Menschen.«

In Hochform zeigte sich Hill auch bei seinem bislang letzten Polizeifilm *Red Heat* (1987/88), einer Variation von *48 Hrs.* Der beste Mann des Moskauer Drogendezernats, Ivan Danko (Arnold Schwarzenegger), wird nach Chicago geschickt, um dort seinen zufällig eingefangenen Erzfeind, einen berüchtigten georgischen Drogendealer und Killer, abzuholen. Doch dem Dealer gelingt die Flucht, und Danko sieht sich gezwungen, in ungewohnter Umgebung seinem Beruf nachzugehen. Auf den Gedanken, seine Gewohnheiten und Methoden zu ändern, kommt er deswegen noch

Im Zeichen von Glasnost – James Belushi (2. v. l.) in ›Red Heat‹

lange nicht. Danko zur Seite gestellt wird dabei der Sprüche-
klopfer Sergeant Ridzik (James Belushi). Zwischen den beiden gegensätzlicher kaum denkbaren Polizisten kracht es permanent: Danko ist gradlinig, wortkarg und so kantig wie sein
Mecki-Schädel, Ridzik ist faul, bierbäuchig, geil und ge-
schwätzig. Hill hat Arnie dabei so ausgeleuchtet, daß selbst
sein eckiges Gesicht beinahe wie eine abstrakte Comic-
Maske aussieht. Nach einer wirkungsvoll choreographierten
Verfolgungsjagd (per Bus diesmal) stellt Schwarzenegger den
Dealer und erschießt ihn. Bis dahin hat er Chicago mit mehr
als nur seinem eigenwilligen Fahrstil, bei dem schon einmal
ein Denkmal zu Bruch geht, geschockt.
Red Heat ist der erste im Zeichen von Glasnost und Pere-
strojka entstandene Polizeifilm. Das erste Viertel spielt in
Moskau und wurde auch dort gedreht (zu Schwarzeneggers
Motiven zählt auch, wie könnte es anders sein, Rache für

einen ermordeten Kollegen). Im Zeichen der Entspannung zwischen den Großmächten läuft das Cop-Märchen ab wie eine gutgeölte Geisterbahn, mit ironischen Dialogen, Seitenhieben auf die Fast-Food-Unkultur der USA und die, wie im Polizeifilm üblich, Bürokratie der Verhinderungen. Doch neben all der Werbung, die Belushi für den Kapitalismus treibt, bleibt genügend Raum für Arnies Auftrag, den er stur, schlau und schlitzohrig verfolgt. Am Ende tauscht er als Zeichen der Freundschaft seine billige DDR-Uhr gegen Belushis teure Schweizer Uhr.

Wenn es also ein, zwei Regisseure geben sollte, die den Action- bzw. Polizeifilm mit zukunftsweisenden Inhalten beleben könnten, dann müßten diese Männer Walter Hill und

>Red Heat< – *James Belushi und Arnold Schwarzenegger sind sich uneins, in welche Richtung der Polizeifilm in der Zukunft fahren soll*

Roger Spottiswoode heißen. Denn in ihren Filmen geht es zwar auch vornehmlich um den Spaß an aufregenden Erzählmustern und kühnen inszenatorischen Einfällen, doch ist damit kein Anschlag auf die Intelligenz der Zuschauer verbunden.

Filmographie

A ciascuno il suo (Zwei Sarge auf Bestellung)
Italien 1966. *Regie:* Elio Petri. *Buch:* Elio Petri, Ugo Pirro, nach dem Roman von Leonardo Sciascia. *Kamera:* Luigi Kuveiller. *Schnitt:* Ruggero Mastroianni. *Musik:* Luis Enriquez Bakalov. *Darsteller:* Gian-Maria Volontè, Irene Papas, Gabriele Ferzetti.

Above the Law (Nico)
USA 1987. *Regie:* Andrew Davis. *Buch:* Steven Pressfield, Ronald Shusett, Andrew Davis. *Kamera:* Robert Steadman. *Schnitt:* Michael Brown. *Musik:* David Frank. *Darsteller:* Steven Seagal, Pam Grier, Henry Silva, Ron Dean, Daniel Faraldo, Sharon Stone.

Action Jackson (Action Jackson)
USA 1987. *Regie:* Craig R. Baxley. *Buch:* Robert Reneau. *Kamera:* Matthew F. Leonetti. *Schnitt:* Mark Helfrich. *Musik:* Herbie Hancock, Michael Kamen. *Darsteller:* Carl Weathers, Craig T. Nelson, Vanity, Sharon Stone.

Adieu poulet (Adieu Bulle)
Frankreich 1975. *Regie:* Pierre Granier-Deferre. *Buch:* Francis Veber, nach dem Roman von Raf Vallet. *Kamera:* Jean Collomb. *Schnitt:* Jean Ravel. *Musik:* Philippe Sarde. *Darsteller:* Lino Ventura, Patrick Dewaere, Victor Lanoux, Julien Guiomar, Françoise Brion, Claude Rich.

Ascenseur pour l'échafaud (Fahrstuhl zum Schafott)
Frankreich 1957. *Regie:* Louis Malle. *Buch:* Roger Nimier, Louis Malle, nach dem Roman von Noel Calef. *Kamera:* Henri Decae. *Schnitt:* Léonide Azar. *Musik:* Miles Davis. *Darsteller:* Maurice Ronet, Jeanne Moreau, Yori Bertin, Georges Poujouly, Jean Wall, Hubert Dechamps, Lino Ventura.

Badge 373 (Wie ein Panther in der Nacht)
USA 1972. *Regie:* Howard W. Koch. *Buch:* Pete Hamill. *Kamera:* Arthur J. Ornitz. *Schnitt:* John Woodcock. *Musik:* J. J. Jackson. *Darsteller:* Robert Duvall, Verna Bloom, Henry Darrow, Eddie Egan, Felipe Luciano, Tina Christiana.

La Balance (Der Verrat)
Frankreich 1982. *Regie:* Bob Swaim. *Buch:* Bob Swaim, M. Fabiani.
Kamera: Bernd Zitzermann. *Schnitt:* Françoise Javet. *Musik:* Roland Bocquet. *Darsteller:* Philippe Léotard, Nathalie Baye, Maurice Ronet, Richard Berry, David Overbey.

Beverly Hills Cop
USA 1984. *Regie:* Martin Brest. *Buch:* Daniel Petrie jr. *Kamera:* Bruce Surtees. *Schnitt:* Billy Weber, Arthur Coburn. *Musik:* Harold Faltermeyer. *Darsteller:* Eddie Murphy, Judge Reinhold, Lisa Eilbacher, John Ashton, Ronny Cox, Steven Berkoff.

Beverly Hills Cop II
USA 1987. *Regie:* Tony Scott. *Buch:* Larry Ferguson, Warren Skaaren, Daniel Petrie jr. *Kamera:* Jeffrey L. Kimball. *Schnitt:* Billy Weber. *Musik:* Harold Faltermeyer. *Darsteller:* Eddie Murphy, Judge Reinhold, John Ashton, Ronny Cox, Allen Garfield, Jürgen Prochnow, Brigitte Nielsen, Dean Stockwell.

The Big Combo (Geheimring 99)
USA 1955. *Regie:* Joseph Lewis. *Buch:* Philip Yordan. *Kamera:* John Alton. *Schnitt:* Robert Eisen. *Musik:* David Raksin. *Darsteller:* Cornel Wilde, Richard Conte, Jean Wallace, Brian Donlevy, Robert Middleton, Lee Van Cleef, Earl Holliman, Ted de Corsia.

The Big Easy (Der große Leichtsinn)
USA 1986. *Regie:* Jim McBride. *Buch:* Daniel Petrie jr. *Kamera:* Affonso Beato. *Schnitt:* Mia Goldman. *Musik:* Brad Fiedel. *Darsteller:* Dennis Quaid, Ellen Barkin, Ned Beatty, John Goodman, Lisa Jane Persky, Thomas O'Brien.

The Big Heat (Heißes Eisen)
USA 1953. *Regie:* Fritz Lang. *Buch:* Sydney Boehm, nach dem Roman von William P. McGivern. *Kamera:* Charles Lang. *Schnitt:* Charles Nelson. *Musik:* Daniele Amfiteatrof. *Darsteller:* Glenn Ford, Gloria Grahame, Jocelyn Brando, Alexander Scourby, Lee Marvin, Jeanette Nolan.

The Black Marble (Nieten unter sich/Hollywood Cops)
USA 1980. *Regie:* Harold Becker. *Buch:* Joseph Wambaugh, nach seinem Roman gleichen Titels. *Kamera:* Owen Roizman. *Schnitt:* Maury Winetrobe. *Musik:* Maurice Jarre. *Darsteller:* Robert Fox-

worth, Paula Prentiss, Harry Dean Stanton, Barbara Babcock, John Hancock.

The Border (Grenzpatrouille)
USA 1980. *Regie:* Tony Richardson. *Buch:* Derec Washburn, Walon Green, David Freeman. *Kamera:* Ric Waite, Vilmos Zsigmond. *Musik:* Ry Cooder. *Darsteller:* Jack Nicholson, Harvey Keitel, Valerie Perrine, Warren Oates, Elpidia Carillo.

Border Incident (Tödliche Grenze)
USA 1949. *Regie:* Anthony Mann. *Buch:* John C. Higgins. *Kamera:* John Alton. *Schnitt:* Conrad A. Nervig. *Musik:* André Previn. *Darsteller:* Ricardo Montalban, George Murphy, Howard da Silva, James Mitchell, Alfonso Bedoya, Charles McGraw, Arthur Hunnicutt.

Brannigan (Brannigan – ein Mann aus Stahl)
USA 1975. *Regie:* Douglas Hickox. *Buch:* Christopher Trumbo, Michael Butler, William P. McGivern, William Norton. *Kamera:* Gerry Fischer. *Schnitt:* Malcolm Cooke. *Musik:* Dominic Frontière. *Darsteller:* John Wayne, Richard Attenborough, Mel Ferrer, Judy Geeson, John Vernon, James Booth.

Der Bulle und das Mädchen
BRD/Österreich 1985. *Regie:* Peter Keglevic. *Buch:* Pea Fröhlich, Peter Märthesheimer. *Kamera:* Edward Klosinski. *Schnitt:* Susanne Schett, Karin Nowarra. *Musik:* Brynmor Jones. *Darsteller:* Jürgen Prochnow, Annette von Klier, Franz Buchrieser, Stefan Meinke, Krystyna Janda, Daniel Olbrychski.

Bullets or Ballots (Wem gehört die Stadt?)
USA 1936. *Regie:* William Keighley. *Buch:* Seton I. Miller. *Kamera:* Hal Mohr. *Schnitt:* Jack Killifer. *Musik:* Heinz Roemheld. *Darsteller:* Edward G. Robinson, Joan Blondell, Humphrey Bogart, Barton MacLane, Frank McHugh.

Bullitt (Bullitt)
USA 1968. *Regie:* Peter Yates. *Buch:* Alan R. Trustman, Harry Kleiner, nach dem Roman »The Mute Witness« von Robert L. Pike. *Kamera:* William A. Fraker. *Schnitt:* Frank P. Keller. *Musik:* Lalo Schifrin. *Darsteller:* Steve McQueen, Robert Vaughn, Jacqueline Bisset, Don Gordon, Robert Duvall.

Bumerang
BRD 1959. *Regie:* Alfred Weidenmann. *Buch:* Herbert Reinecker.
Kamera: Kurt Hasse. *Musik:* Hans-Martin Majewski. *Darsteller:*
Hardy Krüger, Martin Held, Mario Adorf, Horst Frank, Ingrid van
Bergen.

Cadaveri eccelenti (Die Macht und ihr Preis)
Italien/Frankreich 1975. *Regie:* Francesco Rosi. *Buch:* Francesco
Rosi,Tonino Guerra, Lino Jannuzzi, nach dem Roman »Il contesto«
von L. Sciascia. *Kamera:* Pasqualino de Santis. *Schnitt:* Ruggero Ma-
stroianni. *Darsteller:* Lino Ventura, Fernando Rey, Max von Sydow,
Charles Vanel,Tino Carraro, Marcel Bozzuffi.

Cento giorni a Palermo (Die 100 Tage von Palermo)
Italien/Frankreich 1983. *Regie:* Giuseppe Ferrara. *Buch:* Giorgio Ar-
lorio. *Kamera:* Silvio Fraschetti. *Schnitt:* Mario Cargiulo. *Musik:*
Vittorio Gelmetti. *Darsteller:* Lino Ventura, Giuliana de Sio, Lino
Troisi, Stefano Satta Flores.

Le Cercle rouge (Vier im roten Kreis)
Frankreich/Italien 1970. *Regie:* Jean-Pierre Melville. *Buch:* Jean-
Pierre Melville. *Kamera:* Henri Decae. *Schnitt:* Jean-Pierre Mel-
ville, Marie-Sophie Dubos. *Musik:* Eric de Marsan. *Darsteller:*
Alain Delon, André Bourvil, Yves Montand, Gian Maria Volontè,
François Périer, Paul Crauchet.

The Chase (Ein Mann wird gejagt)
USA 1965. *Regie:* Arthur Penn. *Buch:* Lillian Hellman, nach einem
Roman von Horton Foote. *Kamera:* Joseph LaShelle. *Musik:* John
Barry. *Darsteller:* Marlon Brando, Jane Fonda, Robert Redford,
Angie Dickinson, Janice Rule, James Fox, Robert Duvall, E. G.
Marshall, Miriam Hopkins.

The Choirboys (Die Chorknaben)
USA 1977. *Regie:* Robert Aldrich. *Buch:* Christopher Knopf, nach
dem Roman von Joseph Wambaugh. *Kamera:* Joseph Biroc. *Schnitt:*
Maury Winetrobe,William Martin. *Musik:* Frank De Vol. *Darsteller:*
Charles Durning, Louis Gossett jr., Perry King, Clyde Kasatsu, Ste-
phen Macht, Randy Quaid, Don Stroud, James Woods, Burt Young.

City Heat (City Heat – Der Bulle und der Schnüffler)
USA 1984. *Regie:* Richard Benjamin. *Buch:* Sam O. Brown (=

Blake Edwards), Joseph C. Stinson. *Kamera:* Nick McLean. *Schnitt:* Jacqueline Cambas. *Musik:* Lennie Niehaus. *Darsteller:* Clint Eastwood, Burt Reynolds, Jane Alexander, Madeline Kahn, Rip Torn, Irene Cara, Richard Roundtree.

Le Clan des siciliens (Der Clan der Sizilianer)
Frankreich 1969. *Regie:* Henri Verneuil. *Buch:* Henri Verneuil, José Giovanni, Pierre Pelegri, nach dem Roman von Auguste Le Breton. *Kamera:* Henri Decae. *Schnitt:* Pierre Gilette. *Musik:* Ennio Morricone. *Darsteller:* Jean Gabin, Alain Delon, Lino Ventura, Irina Demick, Amedeo Nazzari, Sidney Chaplin.

Cobra (Die City-Cobra)
USA 1986. *Regie:* George P. Cosmatos. *Buch:* S. Stallone, nach dem Roman »Fair Game« von Paula Gosling. *Kamera:* Ric Waite, Nick McLean. *Schnitt:* Don Zimmermann. *Musik:* Sylvester Levay. *Darsteller:* Sylvester Stallone, Brigitte Nielsen, Reni Santoni, Andrew Robinson, Lee Garlington.

Code of Silence (Cusack – Der Schweigsame)
USA 1985. *Regie:* Andrew Davis. *Buch:* Michael Butler, Dennis Shyrack, Mike Gray. *Kamera:* Frank Tidy. *Schnitt:* Peter Parasheles, Christopher Holmes. *Musik:* David Frank. *Darsteller:* Chuck Norris, Henry Silva, Joseph Guzaldo, Molly Hagan, Bert Remsen, Mike Genovese.

Colors (Colors – Farben der Gewalt)
USA 1988. *Regie:* Dennis Hopper. *Buch:* Michael Schiffer. *Kamera:* Haskell Wexler. *Schnitt:* Robert Estrin. *Musik:* Herbie Hancock. *Darsteller:* Robert Duvall, Sean Penn, Maria Conchita Alonso, Randy Brooks, Grand Bush, Don Cheadle.

Un Condé (Ein Bulle sieht rot)
Frankreich/Italien 1970. *Regie:* Yves Boisset. *Buch:* Claude Veillot, Yves Boisset, Sandro Continenza, nach dem Roman »La Mort d'un condé« von Pierre Lesou. *Kamera:* Jean-Marc Ripert. *Musik:* Antoine Duhamel. *Darsteller:* Michel Bouquet, John Garko, Adolfo Celi, Françoise Fabian, Bernard Fresson, Michel Constantin.

Confessione di un commissario di polizia al procuratore della repubblica (Der Clan, der seine Feinde lebendig einmauert)
Italien 1971. *Regie:* Damiano Damiani. *Buch:* Damiano Damiani,

Salvatore Laurani. *Kamera:* Claudio Ragona. *Schnitt:* Antonio Siciliano. *Musik:* Riz Ortolani. *Darsteller:* Franco Nero, Martin Balsam, Marilu Tolo, Claudio Gora, Luciano Lorcas.

Coogan's Bluff (Coogans großer Bluff)
USA 1969. *Regie:* Don Siegel. *Buch:* Herman Miller, Dean Riesner, Howard Rodman. *Kamera:* Bud Thackery. *Schnitt:* Sam Waxman. *Musik:* Lalo Schifrin. *Darsteller:* Clint Eastwood, Lee J. Cobb, Susan Clark, Tisha Sterling, Don Stroud, Betty Field.

Cop (Der Cop)
USA 1988. *Regie:* James B. Harris. *Buch:* James B. Harris, nach einer Romanfigur von James Ellroy. *Kamera:* Steve Dubin. *Schnitt:* Anthony Spano. *Musik:* Michael Colombier. *Darsteller:* James Woods, Lesley Ann Warren, Charles Durning, Charles Haid, Raymond J. Barry.

La Crime (Wespennest)
Frankreich 1983. *Regie:* Philippe Labro. *Buch:* Jacques Labib. *Kamera:* Pierre William Glenn. *Schnitt:* Thierry Derocles. *Musik:* Reinhardt Wagner. *Darsteller:* Claude Brasseur, Jean-Claude Brialy, Gabrielle Lazure, Dayle Haddon, Jean-Louis Trintignant, Robert Hirsch.

Cruising (Cruising)
USA 1980. *Regie:* William Friedkin. *Buch:* William Friedkin, nach einem Roman von Gerald Walker. *Kamera:* James A. Contner. *Schnitt:* Bud Smith. *Musik:* Jack Nitzsche. *Darsteller:* Al Pacino, Paul Sorvino, Karen Allen, Richard Cox, Don Scardino, Joe Spinell.

The Dead Pool (Das Todesspiel)
USA 1988. *Regie:* Buddy van Horn. *Buch:* Steve Sharon. *Kamera:* Jack N. Green. *Schnitt:* Ron Spang. *Musik:* Lalo Schifrin. *Darsteller:* Clint Eastwood, Patricia Clarkson, Liam Neeson, Evan C. Kim, David Hunt.

Dernier domicile connu (Der Kommissar und sein Lockvogel)
Frankreich/Italien 1970. *Regie:* José Giovanni. *Buch:* José Giovanni, nach dem Roman »The Last Known Address« von Joseph Harrington. *Kamera:* Etienne Becker. *Schnitt:* Kenout Peltier. *Musik:* François de Roubaix. *Darsteller:* Lino Ventura, Marlène Jobert, Michel Constantin, Paul Crauchet, Philippe March.

The Detective (Der Detektiv)
USA 1968. *Regie:* Gordon Douglas. *Buch:* Abby Mann, nach dem Roman gleichen Titels von Roderick Thorp. *Kamera:* Joseph Biroc. *Schnitt:* Robert Simpson. *Musik:* Jerry Goldsmith. *Darsteller:* Frank Sinatra, Lee Remick, Ralph Meeker, Jack Klugman, Horace MacMahon, Jacqueline Bisset, Lloyd Bochner, Tony Musante, Robert Duvall.

Le Deuxième souffle (Der zweite Atem)
Frankreich 1966. *Regie:* Jean-Pierre Melville. *Buch:* Jean-Pierre Melville, nach dem Roman von José Giovanni. *Kamera:* Marcel Combes. *Schnitt:* Françoise Bonnot, Michèle Boehm. *Musik:* Bernard Gérard. *Darsteller:* Lino Ventura, Paul Meurisse, Raymond Pellegrin, Christine Fabrega, Paul Frankeur, Marcel Bozzuffi, Denis Manuel, Pierre Grasset, Pierre Zimmer.

Die Hard (Stirb langsam)
USA 1987. *Regie:* John McTiernan. *Buch:* Jeb Stuart, Steven E. de Souza, nach dem Roman »Nothing Lasts Forever« von Roderick Thorp. *Kamera:* Jan de Bont. *Schnitt:* Frank J. Urioste. *Musik:* Michael Kamen. *Darsteller:* Bruce Willis, Bonnie Bedelia, Reginald Veljohnson, Paul Gleason, William Atherton.

Dillinger (Jagd auf Dillinger)
USA 1973. *Regie:* John Milius. *Buch:* John Milius. *Kamera:* Jules Brenner. *Schnitt:* Fred Feitshans jr. *Musik:* Barry Devorzon. *Darsteller:* Warren Oates, Ben Johnson, Michelle Philips, Cloris Leachman, Harry Dean Stanton, Richard Dreyfuss.

Dirty Harry
USA 1971. *Regie:* Don Siegel. *Buch:* Harry Julian Fink, R. M. Fink, Dean Riesner. *Kamera:* Bruce Surtees. *Schnitt:* Carl Pingitore. *Musik:* Lalo Schifrin. *Darsteller:* Clint Eastwood, Reni Santoni, Harry Guardino, Andy Robinson, John Mitchum, John Larch, John Vernon.

La Donna della domenica (Die Sonntagsfrau)
Italien 1975. *Regie:* Luigi Comencini. *Buch:* Age und Scarpelli, nach einem Roman von Fruttero und Lucentini. *Kamera:* Luciano Tovoli. *Schnitt:* Antonio Siciliano. *Musik:* Ennio Morricone. *Darsteller:* Jacqueline Bisset, Marcello Mastroianni, Jean-Louis Trintignant, Aldo Reggiani, Pino Caruso.

Dragnet (Schlappe Bullen beißen nicht)
USA 1987. *Regie:* Tom Mankiewicz. *Buch:* Dan Aykroyd, Alan Zwei-
bel, Tom Mankiewicz. *Kamera:* Matthew F. Leonetti. *Schnitt:* Ri-
chard Halsey. *Musik:* Ira Newborn. *Darsteller:* Dan Aykroyd, Tom
Hanks, Christopher Plummer, Harry Morgan, Alexandra Paul, Jack
O'Halloran.

8 Million Ways to die (8 Millionen Wege zu sterben)
USA 1986. *Regie:* Hal Ashby. *Buch:* Oliver Stone, David Lee Henry,
nach dem Roman von Lawrence Block. *Kamera:* Stephen H.
Burum. *Schnitt:* Robert Lawrence. *Musik:* James Newton Howard.
Darsteller: Jeff Bridges, Rosanna Arquette, Alexandra Paul, Randy
Brooks, Andy Garcia, Lisa Sloan.

Electra Glide in Blue (Harley Davidson 344)
USA 1973. *Regie:* James William Guercio. *Buch:* Robert Boris. *Ka-
mera:* Conrad Hall. *Schnitt:* Jim Benson, John F. Link II, Jerry
Greenberg. *Musik:* J. W. Guercio. *Darsteller:* Robert Blake, Billy
»Green« Bush, Mitchell Ryan, Jeannine Riley, Elisha Cook jr.,
Royal Dano.

The Enforcer (Der Unerbittliche)
USA 1976. *Regie:* James Fargo. *Buch:* Stirling Silliphant, Dean Ries-
ner. *Kamera:* Charles W. Short. *Schnitt:* Ferris Webster, Joel Cox.
Musik: Jerry Fielding. *Darsteller:* Clint Eastwood, Tyne Daly, Harry
Guardino, Bradford Dillman, John Mitchum.

Extreme Prejudice (Ausgelöscht)
USA 1987. *Regie:* Walter Hill. *Buch:* Derec Washburn, Harry Klei-
ner, nach einer Story von John Milius. *Kamera:* Matthew F. Leo-
netti. *Schnitt:* Freeman Davies. *Musik:* Jerry Goldsmith. *Darsteller:*
Nick Nolte, Powers Boothe, Michael Ironside, Maria Conchita
Alonso, Rip Torn.

The FBI-Story (Geheimagent des FBI)
USA 1959. *Regie:* Mervyn LeRoy. *Buch:* Robert L. Breen, John
Twist, nach einem Bericht von Don Whitehead. *Kamera:* Joseph
Biroc. *Schnitt:* Philip W. Anderson. *Musik:* Max Steiner. *Darsteller:*
James Stewart, Vera Miles, Murray Hamilton, Larry Pennell, Nick
Adams.

Flashpoint (Flashpoint – Die Grenzwölfe)
USA 1984. *Regie:* William Tannen. *Buch:* Dennis Shyrack, Michael Butler. *Kamera:* Peter Moss. *Schnitt:* David Garfield. *Musik:* Tangerine Dream. *Darsteller:* Kris Kristofferson, Treat Williams, Rip Torn, Kevin Conway, Kurtwood Smith, Miguel Ferrer.

Un Flic (Der Chef)
Frankreich/Italien 1972. *Regie:* Jean-Pierre Melville. *Buch:* Jean-Pierre Melville. *Kamera:* Walter Wottitz. *Schnitt:* Patricia Renaut. *Musik:* Michel Colombier. *Darsteller:* Alain Delon, Catherine Deneuve, Richard Crenna, Riccardo Cucciolla, Michael Conrad, Paul Crauchet.

Flic ou voyou (Der Windhund)
Frankreich 1978. *Regie:* Georges Lautner. *Buch:* Jean Herman, Michel Audiard, nach einem Roman von Michel Grisola. *Kamera:* Henri Decae. *Schnitt:* Michèle David. *Musik:* Philippe Sarde. *Darsteller:* Jean-Paul Belmondo, Marie Laforet, Michel Galabru, Georges Geret, Juliette Mills.

Flic Story (Duell in sechs Runden)
Frankreich/Italien 1975. *Regie:* Jacques Deray. *Buch:* Jacques Deray, Alphonse Boudard, nach dem Roman von Roger Borniche. *Kamera:* Jean-Jacques Tarbès. *Schnitt:* Henri Lanoë. *Musik:* Claude Bolling. *Darsteller:* Alain Delon, Jean-Louis Trintignant, Renato Salvatori, Maurice Barrier, Claudine Auger, Françoise Dorner.

Fort Apache – The Bronx (Die Bronx)
USA 1980. *Regie:* Daniel Petrie. *Buch:* Heywood Gould. *Kamera:* John Alcott. *Musik:* Jonathan Tunick. *Darsteller:* Paul Newman, Edward Asner, Ken Wahl, Danny Aiello, Rachel Ticotin, Pam Grier.

48 Hrs. (Nur 48 Stunden)
USA 1982. *Regie:* Walter Hill. *Buch:* Roger Spottiswoode, Walter Hill, Larry Gross, Steven E. de Souza. *Kamera:* Ric Waite. *Schnitt:* Freeman Davies, Mark Warner, Billy Weber. *Musik:* James Horner. *Darsteller:* Nick Nolte, Eddie Murphy, Annette O'Toole, Frank McRae, James Remar.

Freebie and the Bean (Die Superschnüffler)
USA 1973. *Regie:* Richard Rush. *Buch:* Robert Kaufmann. *Kamera:* Laszlo Kovacs. *Schnitt:* Frederic Steinkamp, Michael McLean.

Musik: Dominic Frontière. *Darsteller:* Alan Arkin, James Caan, Laretta Swit, Jack Kruschen, Mike Kellin, Linda Marsh.

The French Connection (Brennpunkt Brooklyn)
USA 1971. *Regie:* William Friedkin. *Buch:* Ernest Tidyman, nach dem Roman von Robin Moore. *Kamera:* Owen Roizman. *Schnitt:* Jerry Greenberg. *Musik:* Don Ellis. *Darsteller:* Gene Hackman, Fernando Rey, Roy Scheider, Tony LoBianco, Marcel Bozzuffi, Eddie Egan, Sonny Grosso.

French Connection II
USA 1975. *Regie:* John Frankenheimer. *Buch:* Alexander Jacobs, Robert Dillon, Lauri Dillon. *Kamera:* Claude Renoir. *Schnitt:* Tom Rolf. *Musik:* Don Ellis. *Darsteller:* Gene Hackman, Fernando Rey, Bernard Fresson, Jean-Pierre Castaldi, Cathleen Nesbitt, Philippe Leotard.

Garde a vue (Das Verhör)
Frankreich 1981. *Regie:* Claude Miller. *Buch:* Claude Miller, Jean Herman, Michel Audiard, nach dem Roman »Brain Wash« von John Wainwright. *Kamera:* Bruno Nuytten. *Schnitt:* Albert Jurgenson. *Musik:* Georges Delerue. *Darsteller:* Lino Ventura, Michel Serrault, Romy Schneider, Guy Marchant.

The Gauntlet (Der Mann, der niemals aufgibt)
USA 1977. *Regie:* Clint Eastwood. *Buch:* Michael Butler, Dennis Shyrack. *Kamera:* Rexford Metz. *Schnitt:* Ferris Webster, Joel Cox. *Musik:* Jerry Fielding. *Darsteller:* Clint Eastwood, Sondra Locke, Pat Hingle, William Prince, Bill McKinney, Michael Cavanaugh.

Il Giorno della civetta (Der Tag der Eule)
Italien/Frankreich 1966. *Regie:* Damiano Damiani. *Buch:* Damiano Damiani, Ugo Pirro, nach dem Roman von Leonardo Sciascia. *Kamera:* Tonino Delli Colli. *Schnitt:* Nino Baragli. *Musik:* Giovanni Fusco. *Darsteller:* Franco Nero, Claudia Cardinale, Lee J. Cobb, Serge Reggiani, Nehemiah Persoff.

G-Men (Agent des FBI)
USA 1935. *Regie:* William Keighley. *Buch:* Seton I. Miller. *Kamera:* Sol Polito. *Schnitt:* Jack Killifer. *Musik:* Leo F. Forbstein. *Darsteller:* James Cagney, Margaret Lindsay, Ann Dvorak, Robert Armstrong, Barton MacLane, Lloyd Nolan.

Gorky Park (Gorky Park)
USA 1983. *Regie:* Michael Apted. *Buch:* Dennis Potter, nach dem Roman gleichen Titels von Martin Cruz Smith. *Kamera:* Ralf D. Bode. *Schnitt:* Dennis Virkler. *Musik:* James Horner. *Darsteller:* William Hurt, Joanna Pacula, Lee Marvin, Brian Dennehy, Ian Bannen, Michael Elphick.

Guardie e ladri (Räuber und Gendarm)
Italien 1952. *Regie:* Steno, Monicelli. *Buch:* V. Brancati, A. Fabrici, E. Flaiano, R. Maccari, Steno, Monicelli. *Kamera:* Mario Bava. *Schnitt:* Adriana Novelli. *Musik:* Alessandro Cicognini. *Darsteller:* Totò, Aldo Fabrici, Pina Piovani, William Tubbs, Ernesto Almirante.

House on 92nd Street (Das Haus in der 92. Straße)
USA 1945. *Regie:* Henry Hathaway. *Buch:* Barre Lyndon, Charles G. Booth, John Manks jr. *Kamera:* Norbert Brodine. *Schnitt:* Harmon Jones. *Musik:* David Buttolph. *Darsteller:* William Eythe, Lloyd Nolan, Signe Hasso, Gene Lockhart, Leo G. Carroll.

Hustle (Straßen der Nacht)
USA 1975. *Regie:* Robert Aldrich. *Buch:* Steve Shagan, nach seinem Roman. *Kamera:* Joseph Biroc. *Schnitt:* Michael Luciano. *Musik:* Frank DeVol. *Darsteller:* Burt Reynolds, Catherine Deneuve, Ben Johnson, Paul Winfield, Eddie Albert, Eileen Brennan, Ernest Borgnine.

I Walk the Line (Der Sheriff)
USA 1970. *Regie:* John Frankenheimer. *Buch:* Alvin Sargent, nach dem Roman »An Exile« von Madison Jones. *Kamera:* David M. Walsh. *Schnitt:* Henry Berman. *Musik:* Robert Johnson. *Darsteller:* Gregory Peck, Tuesday Weld, Estelle Parsons, Ralph Meeker, Charles Durning.

In the Heat of the Night (In der Hitze der Nacht)
USA 1967. *Regie:* Norman Jewison. *Buch:* Stirling Silliphant, nach dem Roman von John Ball. *Kamera:* Haskell Wexler. *Schnitt:* Hal Ashby. *Musik:* Quincy Jones. *Darsteller:* Sidney Poitier, Rod Steiger, Warren Oates, Lee Grant, Scott Wilson, James Patterson.

Indagine su un cittadino al di sopra di ogni sospetto (Ermittlungen gegen einen über jeden Verdacht erhabenen Bürger)
Italien 1969. *Regie:* Elio Petri. *Buch:* Elio Petri, Ugo Pirro. *Kamera:*

Luigi Kuveiller. *Schnitt:* Ruggero Mastroianni. *Musik:* Ennio Morricone. *Darsteller:* Gian Maria Volontè, Florinda Bolkan, Gianni Santuccio, Orazio Orlando, Sergio Tramonti, Salvo Randone.

Inspecteur Lavardin (Inspektor Lavardin oder Die Gerechtigkeit) Frankreich/Schweiz 1986. *Regie:* Claude Chabrol. *Buch:* Claude Chabrol, Dominique Roulet. *Kamera:* Jean Rabier. *Schnitt:* Monique Fardoulis. *Musik:* Matthieu Chabrol. *Darsteller:* Jean Poiret, Jean-Claude Brialy, Bernadette Lafont, Jean-Luc Bideau, Hermine Clair.

Io ho paura (Ich habe Angst)
Italien 1977. *Regie:* Damiano Damiani. *Buch:* Nicola Badalucco, Damiano Damiani. *Kamera:* Luigi Kuveiller. *Musik:* Riz Ortolani. *Darsteller:* Gian-Maria Volontè, Erland Josephson, Mario Adorf, Angelica Ippolito.

Der Joker
BRD 1987. *Regie:* Peter Patzak. *Buch:* Jonathan Carroll, Peter Patzak. *Kamera:* Igor Luther, Dietrich Lohmann. *Schnitt:* Michou Hutter. *Musik:* Toni Carey, Carl Carlton, Frank Diez, Peter Maffay. *Darsteller:* Peter Maffay, Tahnee Welch, Massimo Ghini, Elliott Gould, Armin Müller-Stahl, Michael York.

Killing Blue
BRD 1988. *Regie:* Peter Patzak. *Buch:* Julia Kent, Paul Nicholas, Peter Patzak. *Kamera:* Toni Peschke. *Schnitt:* Michou Hutter. *Musik:* Carl Carlton, Bertram Engel. *Darsteller:* Armin Müller-Stahl, Morgan Fairchild, Michael York, Frank Stallone, Julia Kent, Allegra Curtis.

The Klansman (Verflucht sind sie alle)
USA 1974. *Regie:* Terence Young. *Buch:* Millard Kaufman, Samuel Fuller, nach dem Roman von William Bradford Huie. *Kamera:* Lloyd Ahern, Aldo Tonti. *Musik:* Stax Organisation. *Darsteller:* Lee Marvin, Richard Burton, Cameron Mitchell, O. J. Simpson, Lola Falana, David Huddleston, Luciana Paluzzi, Linda Evans.

Laura (Laura)
USA 1944. *Regie:* Otto Preminger. *Buch:* Jay Dratler, Samuel Hoffenstein, Betty Reinhardt, nach dem Roman von Vera Caspary. *Kamera:* Joseph LaShelle. *Schnitt:* Louis Loeffler. *Musik:* David Rak-

sin. *Darsteller:* Dana Andrews, Gene Tierney, Clifton Webb, Vincent Price, Judith Anderson.

Lethal Weapon (Zwei stahlharte Profis)
USA 1986. *Regie:* Richard Donner. *Buch:* Shane Black. *Kamera:* Stephen Goldblatt. *Schnitt:* Stuart Baird. *Musik:* Eric Clapton, Michael Kamen. *Darsteller:* Mel Gibson, Danny Glover, Gary Busey, Mitchell Ryan, Tom Atkins.

Madigan (Nur noch 72 Stunden)
USA 1968. *Regie:* Don Siegel. *Buch:* Henri Simoun, Abraham Polonsky, nach dem Roman »The Commissioner« von Richard Dougherty. *Kamera:* Russell Metty. *Schnitt:* Milton Shifman. *Musik:* Don Costa. *Darsteller:* Richard Widmark, Henry Fonda, Inger Stevens, Harry Guardino, James Whitmore, Susan Clark, Steve Ihnat, Don Stroud, Michael Dunn.

Magnum Force (Callahan)
USA 1973. *Regie:* Ted Post. *Buch:* John Milius, Michael Cimino. *Kamera:* Frank Stanley. *Schnitt:* Ferris Webster. *Musik:* Lalo Schifrin. *Darsteller:* Clint Eastwood, Hal Holbrook, Mitchell Ryan, Felton Perry, David Soul.

Maigret et l'affaire Saint-Fiacre (Maigret kennt kein Erbarmen)
Frankreich/Italien 1959. *Regie:* Jean Delannoy. *Buch:* Jean Delannoy, Rodolphe-Maurice Arlaud, Michel Audiard. *Kamera:* Louis Page. *Schnitt:* Henri Taverna. *Musik:* J. Prodromidès. *Darsteller:* Jean Gabin, Robert Hirsch, Michel Auclair, Valentine Tessier.

Maigret tend un piège (Kommissar Maigret stellt eine Falle)
Frankreich/Italien 1957. *Regie:* Jean Delannoy. *Buch:* Rodolphe-Maurice Arlaud, Michel Audiard, Jean Delannoy, nach dem Roman von G. Simenon. *Kamera:* Louis Page. *Schnitt:* Henri Taverna. *Musik:* Paul Misraki. *Darsteller:* Jean Gabin, Annie Girardot, Jean Desailly, Olivier Hussenot, Lino Ventura.

Maigret voit rouge (Kommissar Maigret sieht rot)
Frankreich/Italien 1963. *Regie:* Gilles Grangier. *Buch:* Jacques Robert, G. Grangier, nach dem Roman »Maigret, Lognon et les gangsters« von G. Simenon. *Kamera:* Louis Page. *Schnitt:* Marie-Sophie Dubus. *Musik:* Francis Lemarque. *Darsteller:* Jean Gabin, Françoise Fabian, Guy Decomble, Vittorio Sanipoli, Marcel Bozzuffi.

Un Maledetto imbroglio (Unter glatter Haut)
Italien 1959. *Regie:* Pietro Germi. *Buch:* Pietro Germi, Alfredo Giannetti, Ennio de Concini, nach einem Roman von C. E. Gadda. *Kamera:* L. Baboni. *Musik:* Carlo Rustichelli. *Darsteller:* Pietro Germi, Eleonora Rossi-Drago, Claudio Gora, Claudia Cardinale, Saro Urzi.

Manhunter (Blutmond)
USA 1987. *Regie:* Michael Mann. *Buch:* Michael Mann, nach dem Roman »Red Dragon« von Thomas Harris. *Kamera:* Dante Spinotti. *Schnitt:* Dov Hoenig. *Musik:* Michel Rubini, The Reds. *Darsteller:* William L. Petersen, Kim Greist, Joan Allen, Brian Cox, Dennis Farina, Tom Noonan, Stephen Lang.

Le Marginal (Der Außenseiter)
Frankreich 1983. *Regie:* Jacques Deray. *Buch:* Jacques Deray. *Kamera:* Xaver Schwarzenberger. *Schnitt:* Albert Jurgenson, Claude Bourgoin. *Musik:* Ennio Morricone. *Darsteller:* Jean-Paul Belmondo, Henry Silva, Carlos Sotto Mayor, Pierre Vernier, Claude Brosset.

Max et les ferrailleurs (Das Mädchen und der Kommissar)
Frankreich/Italien 1970. *Regie:* Claude Sautet. *Buch:* Claude Sautet, Claude Néron, Sandro Continenza, Jean-Loup Dabadie. *Kamera:* René Mathelin. *Schnitt:* Jacqueline Thiédot. *Musik:* Philippe Sarde. *Darsteller:* Michel Piccoli, Bernard Fresson, Romy Schneider, François Périer, Georges Wilson.

McQ (McQ schlägt zu)
USA 1974. *Regie:* John Sturges. *Buch:* Lawrence Roman. *Kamera:* Harry Stradling jr. *Schnitt:* Bill Ziegler. *Musik:* Elmer Bernstein. *Darsteller:* John Wayne, Eddie Albert, Diana Muldaur, Colleen Dewhurst, Clu Gulager, Al Lettieri, Roger E. Mosley.

Mississippi Burning (Mississippi Burning – Die Wurzel des Hasses)
USA 1988. *Regie:* Alan Parker. *Buch:* Chris Gerolmo. *Kamera:* Peter Biziou. *Schnitt:* Gerry Hambling. *Musik:* Trevor Jones. *Darsteller:* Gene Hackman, Willem Dafoe, Frances McDormand, Brad Dourif, R. Lee Eremy.

Murphy's Law (Murphys Gesetz)
USA 1985. *Regie:* J. Lee Thompson. *Buch:* Gail Morgan Hickman.

Kamera: Alex Phillips. *Schnitt:* Peter Lee Thompson. *Musik:* Marc Donahue, Valentine McCallum. *Darsteller:* Charles Bronson, Kathleen Wilhoite, Carrie Snodgress, Richard Romanus.

The Naked City (Die nackte Stadt/Stadt ohne Maske)
USA 1947. *Regie:* Jules Dassin. *Buch:* Albert Maltz, Malvin Wald. *Kamera:* William Daniels. *Schnitt:* Paul Weatherwax. *Musik:* Miklos Rozsa, Frank Skinner. *Darsteller:* Barry Fitzgerald, Howard Duff, Don Taylor, Dorothy Hart, Ted de Corsia.

The New Centurions (Polizeirevier Los Angeles Ost)
USA 1972. *Regie:* Richard Fleischer. *Buch:* Stirling Silliphant, nach dem Roman gleichen Titels von Joseph Wambaugh. *Kamera:* Ralph Woolsey. *Musik:* Quincy Jones. *Darsteller:* George C. Scott, Stacy Keach, Jane Alexander, Rosalind Cash, Scott Wilson.

Nighthawks (Nachtfalken)
USA 1980. *Regie:* Bruce Malmuth. *Buch:* David Shaber. *Kamera:* James A. Contner. *Schnitt:* Christopher Holmes, Stanford C. Allen. *Musik:* Keith Emerson. *Darsteller:* Sylvester Stallone, Billy Dee Williams, Rutger Hauer, Lindsay Wagner, Persis Khambatta, Nigel Davenport.

Off Limits (Saigon)
USA 1987. *Regie:* Christopher Crowe. *Buch:* Christopher Crowe, Jack Thibeau. *Kamera:* David Gribble. *Schnitt:* Douglas Ibold. *Musik:* James Newton Howard. *Darsteller:* Willem Dafoe, Gregory Hines, Fred Ward, Amanda Pays, Kay Tong Lin, Scott Glenn.

On ne meurt que deux fois (Mörderischer Engel)
Frankreich 1985. *Regie:* Jacques Deray. *Buch:* Jacques Deray, Michel Audiard. *Kamera:* Jean Penzer. *Schnitt:* Henri Lanoe. *Musik:* Claude Bolling. *Darsteller:* Michel Serrault, Charlotte Rampling, Xaver Deluc, Elisabeth Depardieu.

The Onion Field (Mord im Zwiebelfeld)
USA 1979. *Regie:* Harold Becker. *Buch:* Joseph Wambaugh, nach seinem Roman gleichen Titels. *Kamera:* Charles Rosher. *Schnitt:* John W. Wheeler. *Musik:* Emuir Deodato. *Darsteller:* James Woods, John Savage, Franklyn Seales, Ted Danson, Lee Weaver, Ronny Cox, Diane Hull.

The Organization (Die Organisation)
USA 1971. *Regie:* Don Medford. *Buch:* James R. Webb. *Kamera:* Joseph Biroc. *Musik:* Gile Melle. *Darsteller:* Sidney Poitier, Barbara McNair, Sheree North, Gerald O'Loughlin, Fred Beir.

La Pacha (Der Bulle)
Frankreich/Italien 1967. *Regie:* Georges Lautner. *Buch:* Georges Lautner, Albert Simonin, Michel Audiard, nach dem Roman »Pouce« von Jean Laborde. *Kamera:* Maurice Fellous. *Musik:* Serge Gainsbourg. *Darsteller:* Jean Gabin, Dany Carrel, Felix Marten, André Pousse, Jean Gaven.

Parole de flic (Der Panther)
Frankreich 1985. *Regie:* José Pinheiro. *Buch:* Philippe Setbon, Alain Delon, José Pinheiro. *Kamera:* Jean-Jacques Tarbes. *Schnitt:* Claire Pinheiro. *Musik:* Pino Marchese. *Darsteller:* Alain Delon, Jacques Perrin, Fiona Gélin, Vincent Lindon, Jean-François Stévenin.

Peur sur la ville (Angst über der Stadt)
Frankreich/Italien 1974. *Regie:* Henri Verneuil. *Buch:* Jean Laborde, Henri Verneuil, Francis Veber. *Kamera:* Jean Penzer. *Schnitt:* Pierre Gilette. *Musik:* Ennio Morricone. *Darsteller:* Jean-Paul Belmondo, Charles Denner, Catherine Morin, Adalberto-Maria Merli, Lea Massari, Giovanni Cianfriglia.

Police Python 357 (Police Python 357)
Frankreich/BRD 1975. *Regie:* Alain Corneau. *Buch:* Daniel Boulanger, Alain Corneau. *Kamera:* Etienne Becker. *Schnitt:* Marie-Josèphe Yoyotte. *Musik:* Georges Delerue. *Darsteller:* Yves Montand, Simone Signoret, François Périer, Stefanie Sandrelli.

Polizeirevier Davidswache
BRD 1964. *Regie:* Jürgen Roland. *Buch:* Wolfgang Menge. *Kamera:* Günter Haase. *Musik:* Günther Marschner. *Darsteller:* Wolfgang Kieling, Hannelore Schroth, Günther Ungeheuer, Günther Neutze, Silvana Sansoni.

Poulet au vinaigre (Hühnchen in Essig)
Frankreich 1985. *Regie:* Claude Chabrol. *Buch:* Dominique Roulet, Claude Chabrol. *Kamera:* Jean Rabier. *Schnitt:* Monique Fardoulis. *Musik:* Matthieu Chabrol. *Darsteller:* Jean Poiret, Stéphane Audran, Michel Bouquet, Caroline Cellier, Lucas Belvaux.

Poussière d'ange (Engel aus Staub)
Frankreich 1987. *Regie:* Edouard Niermans. *Buch:* Jacques Audiard, Alain Le Henry, Edouard Niermans. *Kamera:* Bernard Lutic. *Schnitt:* Yves Deschamps, Jacques Witta. *Musik:* Léon Senza, Vincent Marie Bouvot. *Darsteller:* Bernard Giraudeau, Fanny Bastien, Fanny Cottencon, Jean-Pierre Sentier, Michel Aumont, Gérard Blain.

The Presidio (Presidio)
USA 1988. *Regie:* Peter Hyams. *Buch:* Larry Ferguson. *Kamera:* Peter Hyams. *Schnitt:* James Mitchell. *Musik:* Bruce Boughton. *Darsteller:* Sean Connery, Mark Harmon, Meg Ryan, Jack Warden, Dana Gladstone, Mark Blum.

Prince of the City (Prince of the City)
USA 1981. *Regie:* Sidney Lumet. *Buch:* Sidney Lumet, Jay Presson Allen, nach dem Roman von Robert Daley. *Kamera:* Andrzey Bartkowiak. *Schnitt:* John J. Fitzstephans. *Musik:* Paul Chihara. *Darsteller:* Treat Williams, Jerry Orbach, Richard Foronji, Don Billett, Kenny Marino, Lindsay Crouse, Ron Maccone.

Quai des Orfèvres (Unter falschem Verdacht)
Frankreich 1947. *Regie:* Henri-Georges Clouzot. *Buch:* Henri-Georges Clouzot, Jean Ferry, nach dem Roman »Legitime défense« von Stanislas-André Steeman. *Kamera:* Armand Thirard. *Schnitt:* Charles Bretonèche. *Musik:* Francis Lopez. *Darsteller:* Louis Jouvet, Bernard Blier, Suzy Delair, Pierre Larquey, Simone Renant.

Raw Deal (Der City-Hai)
USA 1986. *Regie:* John Irvin. *Buch:* Gary de Vore, Norman Wexler. *Kamera:* Alex Thomson. *Schnitt:* Anne V. Coates. *Musik:* Cinemascore. *Darsteller:* Arnold Schwarzenegger, Kathryn Harrold, Sam Wanamaker, Paul Shenar, Ed Lauter, Blanche Baker.

Razzia sur la chnouf (Razzia in Paris)
Frankreich 1955. *Regie:* Henri Decoin. *Buch:* Henri Decoin, Maurice Griffe, nach einem Roman von Auguste le Breton. *Kamera:* Pierre Montazel. *Schnitt:* Denise Reiss. *Musik:* Marc Lejean. *Darsteller:* Jean Gabin, Magali Noel, Marcel Dalio, Albert Rémy, Lino Ventura.

Red Heat (Red Heat)
USA 1988. *Regie:* Walter Hill. *Buch:* Harry Kleiner, Troy Kennedy Martin, Walter Hill. *Kamera:* Matthew F. Leonetti. *Schnitt:* Freeman Davies. *Musik:* James Horner. *Darsteller:* Arnold Schwarzenegger, James Belushi, Peter Boyle, Ed O'Ross, Gina Gershon.

Les Ripoux (Die Bestechlichen)
Frankreich 1984. *Regie:* Claude Zidi. *Buch:* Claude Zidi. *Kamera:* Jean-Jacques Farbes. *Schnitt:* Nicole Saunier. *Musik:* Francis Lai. *Darsteller:* Philippe Noiret, Thierry Lhermitte, Regine, Grace de Capitani, Julien Guiomar, Claude Brosset.

RoboCop (RoBoCop)
USA 1987. *Regie:* Paul Verhoeven. *Buch:* Edward Neumeier, Michael Miner. *Kamera:* Jost Vacano. *Schnitt:* Frank J. Urioste. *Musik:* Basil Poledouris. *Darsteller:* Peter Weller, Nancy Allen, Dan O'Herlihy, Ronny Cox, Kurtwood Smith.

Running Scared (Diese Zwei sind nicht zu fassen)
USA 1986. *Regie:* Peter Hyams. *Buch:* Gary de Vore, Jimmy Huston. *Kamera:* Peter Hyams. *Schnitt:* James Mitchell. *Musik:* Rod Temperton. *Darsteller:* Gregory Hines, Billy Crystal, Steven Bauer, Darlanne Flugel, Joe Pantoliano, Dan Hedaya.

Le Samourai (Der eiskalte Engel)
Frankreich/Italien 1967. *Regie:* Jean-Pierre Melville. *Buch:* Jean-Pierre Melville. *Kamera:* Henri Decae. *Schnitt:* Monique Bonnot, Yolande Maurette. *Musik:* François de Roubaix. *Darsteller:* Alain Delon, Nathalie Delon, François Périer, Cathy Rosier, Jacques Leroy, Jean-Pierre Posier.

The Scarface Mob (Die Schande von Chicago)
USA 1959. *Regie:* Phil Karlson. *Buch:* Paul Monash, nach dem Roman »The Untouchables« von Eliot Ness und Oscar Fraley. *Kamera:* Charles Straumer. *Musik:* Wilbur Hatch. *Darsteller:* Robert Stack, Keenan Wynn, Neville Brand, Barbara Nichols, Joe Mantell, Pat Crowley, Bruce Gordon.

Serpico (Serpico)
USA 1973. *Regie:* Sidney Lumet. *Buch:* Waldo Salt, Norman Wexler, nach dem Roman von Peter Maas. *Kamera:* Arthur J. Ornitz. *Schnitt:* Dede Allen, Richard Marks. *Musik:* Mikis Theodorakis.

Darsteller: Al Pacino, John Randolph, Jack Kehoe, Biff McGuire, Barbara Eda-Young.

The Seven-Ups (Die Seven-Ups)
USA 1973. *Regie:* Philip D'Antoni. *Buch:* Albert Ruben, Alexander Jacobs. *Kamera:* Urs Furrer. *Schnitt:* Jerry Greenberg. *Musik:* Don Ellis. *Darsteller:* Roy Scheider, Tony LoBianco, Larry Haines, Richard Lynch, Victor Arnold, Ken Kercheval.

Shakedown (Blue Jean Cop)
USA 1988. *Regie:* James Glickenhaus. *Buch:* James Glickenhaus. *Kamera:* John Lindley. *Schnitt:* Paul Fried. *Musik:* Jonathan Elias. *Darsteller:* Peter Weller, Sam Elliott, Patricia Charbonneau, Antonio Fargas, Blanche Baker, Tom Waites.

Sharky's Machine (Sharky und seine Profis)
USA 1981. *Regie:* Burt Reynolds. *Buch:* Gerald di Pego, nach dem Roman von William Diehl. *Kamera:* William A. Fraker. *Musik:* Snuff Garrett und diverse Songs. *Darsteller:* Burt Reynolds, Vittorio Gassmann, Brian Keith, Charles Durning, Rachel Ward, Henry Silva, Earl Holliman.

Shoot to Kill/Deadly Pursuit (Mörderischer Vorsprung)
USA 1988. *Regie:* Roger Spottiswoode. *Buch:* Harv Zimmel, Michael Burton, Daniel Petrie jr. *Kamera:* Michael Chapman. *Schnitt:* Garth Craven, George Bowers. *Musik:* John Scott. *Darsteller:* Sidney Poitier, Tom Berenger, Kristie Alley, Clancy Brown, Richard Masur, Andrew Robinson.

Someone to Watch Me Over (Der Mann im Hintergrund)
USA 1987. *Regie:* Ridley Scott. *Buch:* Howard Franklin. *Kamera:* Steven Poster. *Schnitt:* Claire Simpson. *Musik:* Michael Kamen. *Darsteller:* Tom Berenger, Mimi Rogers, Lorraine Bracco, Jerry Orbach, John Rubinstein.

Les Spécialistes (Die Spezialisten)
Frankreich 1985. *Regie:* Patrice Leconte. *Buch:* Bruno Tardon, Patrick Dewolf, Patrice Leconte, Michel Blanc. *Kamera:* Eduardo Serra. *Schnitt:* Joëlle Hache. *Musik:* Eric Demarsan. *Darsteller:* Bernard Giraudeau, Gérard Lanvin, Christiane Jean, Maurice Barrier, Bertie Cortez, Daniel Jegou.

Stake Out (Die Nacht hat viele Augen)
USA 1986. *Regie:* John Badham. *Buch:* Jim Kouf. *Kamera:* John
Seale. *Schnitt:* Tom Rolf, Michael Ripps. *Musik:* Arthur B. Rubin-
stein, diverse Songs. *Darsteller:* Richard Dreyfuss, Emilio Estevez,
Madeleine Stowe, Aidan Quinn, Dan Lauria, Forest Whitaker.

Sudden Impact (Dirty Harry kommt zurück)
USA 1983. *Regie:* Clint Eastwood. *Buch:* Joseph C. Stinson. *Kamera:* Bruce Surtees. *Schnitt:* Joel Cox. *Musik:* Lalo Schifrin. *Darsteller:* Clint Eastwood, Sondra Locke, Pat Hingle, Bradford Dill-
mann, Paul Drake.

Tchao Pantin (Am Rande der Nacht)
Frankreich 1983. *Regie:* Claude Berri. *Buch:* Claude Berri, Alain
Page. *Kamera:* Bruno Nuytten. *Schnitt:* Hervé du Luze. *Musik:*
Charlélie Couture. *Darsteller:* Michel Colucci »Coluche«, Richard
Anconia, Agnès Soral, Philippe Léotard, Mahmoud Zemmouri.

They Call me Mister Tibbs (Zehn Stunden Zeit für Virgil Tibbs)
USA 1969. *Regie:* Gordon Douglas. *Buch:* Alan R. Trustman, James
R. Webb. *Kamera:* Gerald Penney Finnerman. *Musik:* Quincy
Jones. *Darsteller:* Sidney Poitier, Martin Landau, Barbara McNair,
Anthony Zerbe, Jeff Corey, Edward Asner.

Tick, tick, tick ... (tick ... tick ... tick ...)
USA 1969. *Regie:* Ralph Nelson. *Buch:* James Lee Barrett. *Kamera:*
Loyal Griggs. *Schnitt:* Alex Beaton. *Musik:* Jerry Styness. *Darstel-
ler:* Jim Brown, George Kennedy, Fredric March, Lynn Carlin, Don
Stroud, Dub Taylor.

Tightrope (Der Wolf hetzt die Meute)
USA 1984. *Regie:* Richard Tuggle. *Buch:* Richard Tuggle. *Kamera:*
Bruce Surtees. *Schnitt:* Joel Cox. *Musik:* Lennie Niehaus. *Darsteller:* Clint Eastwood, Genevieve Bujold, Dan Hedaya, Alison Eastwood, Jennifer Beck, Marco St. John.

T-Men (Geheimagent T)
USA 1948. *Regie:* Anthony Mann. *Buch:* John C. Higgins. *Kamera:*
John Alton. *Schnitt:* Fred Allen. *Musik:* Paul Sawtell. *Darsteller:*
Dennis O'Keefe, Alfred Ryder, Mary Meade, Wallace Ford, June
Lockhart, Charles McGraw, Jane Randolph.

To Live and Die in L. A. (Leben und Sterben in L. A.)
USA 1985. *Regie:* William Friedkin. *Buch:* William Friedkin, Gerald Petievich, nach dem Roman von Gerald Petievich. *Kamera:* Robby Müller. *Schnitt:* Bud Smith. *Musik:* Wang Chung. *Darsteller:* William Petersen, Willem Dafoe, John Pankow, Debra Feuer, John Turturro, Dean Stockwell.

Touch of Evil (Im Zeichen des Bösen)
USA 1958. *Regie:* Orson Welles. *Buch:* Orson Welles, nach dem Roman »Badge of Evil« von Whit Masterson. *Kamera:* Russell Metty. *Schnitt:* Virgil M. Vogel, Aaron Stell. *Musik:* Henry Mancini. *Darsteller:* Charlton Heston, Janet Leigh, Orson Welles, Joseph Calleia, Akim Tamiroff, Marlene Dietrich, Zsa Zsa Gabor, Joseph Cotten.

Le Tueur (Der Killer und der Kommissar)
BRD/Frankreich/Italien 1971. *Regie:* Denys de la Patellière. *Buch:* Denys de la Patellière. *Kamera:* Claude Renoir. *Schnitt:* Claude Durand, Clarissa Ambach. *Musik:* Hubert Giraud. *Darsteller:* Jean Gabin, Fabio Testi, Uschi Glas, Bernard Blier, Marcel Bozzuffi.

The Untouchables (Die Unbestechlichen)
USA 1987. *Regie:* Brian de Palma. *Buch:* David Mamet. *Kamera:* Stephen H. Burum. *Schnitt:* Jerry Greenberg, Bill Pankow. *Musik:* Ennio Morricone. *Darsteller:* Kevin Costner, Sean Connery, Charles Martin Smith, Andy Garcia, Robert de Niro.

Walking Tall (Der Große aus dem Dunkeln)
USA 1973. *Regie:* Phil Karlson. *Buch:* Mort Briskin. *Kamera:* Jack E. Marta. *Schnitt:* Harry Gerstad. *Musik:* Walter Scharf. *Darsteller:* Joe Don Baker, Elizabeth Hartman, Noah Beery jr., Gene Evans, Brenda Benet.

Where the Sidewalk Ends (Faustrecht der Großstadt)
USA 1950. *Regie:* Otto Preminger. *Buch:* Ben Hecht. *Kamera:* Joseph La Shelle. *Schnitt:* Louis Loeffler. *Musik:* Cyril Mockridge. *Darsteller:* Dana Andrews, Gene Tierney, Gary Merrill, Bert Freed, Tom Tully, Karl Malden, Craig Stevens, Neville Brand.

Witness (Der einzige Zeuge)
USA 1985. *Regie:* Peter Weir. *Buch:* Earl Wallace, William Kelly. *Kamera:* John Seale. *Schnitt:* Thom Noble. *Musik:* Maurice Jarre. *Dar-*

steller: Harrison Ford, Kelly McGillis, Josef Sommer, Lucas Haas, Jan Rubes, Alexander Godunov, Danny Glover.

Year of the Dragon (Im Jahr des Drachen)
USA 1985. *Regie:* Michael Cimino. *Buch:* Oliver Stone, Michael Cimino, nach dem Roman von Robert Daley. *Kamera:* Alex Thomson. *Schnitt:* Françoise Bonnot. *Musik:* David Mansfield. *Darsteller:* Mickey Rourke, John Lone, Ariane, Leonard Termo, Ray Barry.

Zabou
BRD 1987. *Regie:* Hajo Gies. *Buch:* Martin Gies, Axel Götz. *Kamera:* Axel Block. *Schnitt:* Hannes Nikel. *Musik:* Klaus Lage. *Darsteller:* Götz George, Claudia Messner, Eberhard Feik, Wolfram Berger, Hannes Jaenicke, Dieter Pfaff, Ralf Richter.

Zahn um Zahn
BRD 1985. *Regie:* Hajo Gies. *Buch:* Horst Vocks, Thomas Wittenburg. *Kamera:* Jürgen Jürges. *Schnitt:* Margot von Schliefen. *Musik:* Klaus Lage. *Darsteller:* Götz George, Renan Demirkan, Eberhard Feik, Rufus, Charles Brauer, Herbert Steinmetz, Martin Lüttge, Louis-Marie Taillefer.

Zielscheiben
BRD 1984. *Regie:* Volker Vogeler. *Buch:* Volker Vogeler. *Kamera:* Guenther Wulff. *Schnitt:* Claudia Rieneck. *Musik:* Edward Aniol. *Darsteller:* Bernard Fresson, Oliver Stritzel, William Berger, Dietrich Mattausch, Eva Maria Hagen.

Bibliographie

John Baxter: The Gangster Film; London/GB 1970

Ian Cameron: A Pictorial History of Crime Films; London/GB 1975

Carlos Clarens: Crime Movies. An Illustrated History; London/GB 1980

Jean-Pierre Coursodon/Pierre Sauvage: American Directors I + II; New York/USA 1983

Bruce Crowther: Film Noir. Reflections in a Dark Mirror; London/GB 1988

Charles Derry: The Suspense Thriller. Films in the Shadow of Alfred Hitchcock; Jefferson, North Carolina/USA 1988

John Gabree: Der klassische Gangsterfilm; München 1981

Hans Gerhold: Kino der Blicke. Der französische Kriminalfilm; Frankfurt/Main 1989

Harry Hossent: Gangster Movies; London/GB 1974

A. M. Karimi: Toward a Definition of the American Film Noir (1941–1949); New York/USA 1976

Alan Lovell: Don Siegel; London/GB 1975

Colin McArthur: Underworld USA; London/GB 1972

Rui Nogueira: Melville on Melville; London/GB 1971

Robert Ottoson: A Reference Guide to the American Film Noir 1940–1958; Metuchen, New York/USA 1981

Georg Seeßlen: Mord im Kino. Geschichte und Mythologie des Detektiv-Films; Reinbek bei Hamburg 1981

Georg Seeßlen: Der Asphalt-Dschungel. Geschichte und Mythologie des Gangster-Films. Reinbek bei Hamburg 1980

Georg Seeßlen: Kino der Angst. Geschichte und Mythologie des Film-Thrillers. Reinbek bei Hamburg 1980

Jack Shadoian: Dreams and Dead Ends. The American Gangster/Crime Film; Cambridge, Massachusetts/USA 1977

Alain Silver/Elizabeth Ward (Hrsg.): Film Noir. An Encyclopedic Reference to the American Style; Woodstock, New York/USA 1979

Garner Simmons: Peckinpah. A Portrait in Montage. Austin, Texas/USA 1982

David Thomson: A Biographical Dictionary of the Cinema; London/GB 1980

Rick Trader Witcombe: Savage Cinema; London/GB 1975

Zeitschriften:

epd-Film, film-dienst, Film Comment, Sight and Sound, American Film, Film Quarterly, Medium, Frankfurter Rundschau

Register